INVESTIR AVEC UN PETIT SALAIRE

INVESTIR AVEC UN PETIT SALAIRE

Les clés pour réussir à épargner et investir.

Mike M. Miller
Date de publication : avril 2023

Couverture : PodToDigital

Ivy Edition : https://www.instagram.com/ivyedition/

Mike M. Miller

INVESTIR AVEC UN PETIT SALAIRE

Les clés pour réussir à épargner et investir.

Table des matières

Introduction

Voilà ! Ça fait maintenant 3 ans que je suis en CDI dans cette entreprise, mais je n'arrive pas à épargner et à investir. Je me trouve souvent dans le rouge et j'ai du mal à boucler mes fins de mois.

Je passe beaucoup de temps sur Instagram et TikTok et je vois de nombreux internautes qui réussissent dans leurs investissements ! Je me dis qu'ils doivent gagner des salaires importants. Je me sens découragé à l'idée de ne jamais y arriver moi aussi.

Malgré tout, je reste motivé pour trouver des solutions pratiques pour atteindre mes objectifs financiers. Si seulement, je pouvais trouver une stratégie gagnante pour investir avec mon salaire modeste…
Si vous vous sentez concerné par ce que je viens de dire, alors vous êtes sur la bonne voie ! Il y a quelques années, j'étais dans la même situation, mais j'ai entamé une profonde révolution intérieure pour atteindre la liberté et l'indépendance financière. Au début, tout semble impossible, mais c'est possible !

Ce guide a été écrit pour aider le plus grand nombre. "**INVESTIR AVEC UN PETIT SALAIRE** - *Les clés pour réussir à épargner et investir*" est le résultat de plus de 10 ans de tests, d'expérimentations, d'échecs et de réussites. Je veux partager ce que j'ai appris avec vous ! Oui, vous, qui lisez ces mots en ce moment, vous trouverez des réponses à vos questions, **des techniques, des astuces et des méthodes** pour réussir à investir avec un salaire modeste.

Êtes-vous sincèrement prêts(es) pour cette révolution financière ? Alors, allons-y !

Réfléchir aux dépenses avant de penser aux entrées d'argents

Avant de réfléchir à prendre le départ de cette course vers l'indépendance financière, prenons un peu de temps - et entrainons notre esprit à observer des nouveaux concepts.

À partir de maintenant, vous accorderez une grande attention à ce que vous allez lire. Vous allez les intégrer pour ensuite laisser ces informations infuser en vous.

Avant de vous concentrer sur vos entrées d'argent, il est important de **comprendre les fondements de vos dépenses** et comment vous les gérez. Vivre dans une société de consommation peut être difficile, mais c'est là que la **Pyramide de Maslow** entre en jeu. La compréhension de cette pyramide vous permettra de mieux comprendre vos motivations et vos besoins en matière de dépenses, ce qui vous aidera à prendre des décisions financières plus éclairées.

En comprenant les dépenses qui vous sont vraiment nécessaires pour atteindre un niveau de sérénité, vous pourrez alors concentrer vos efforts sur la réduction des dépenses inutiles. La connaissance est un outil puissant pour renforcer votre cognition et vous donner confiance en vous en matière de gestion financière. Vous pourrez donc déterminer les dépenses qui ont été conditionnées par vos parents et les dépenses qui proviennent réellement de vos besoins et de vos désirs personnels.

Il est important de réfléchir aux sens de vos dépenses et de savoir comment vous pouvez les réduire pour atteindre vos objectifs financiers. Cela peut sembler intimidant au début, mais en prenant le temps de le faire sereinement, vous pourrez voir la lumière à la fin du tunnel. Vous verrez plus clair sur les dépenses inutiles et sur les dépenses qui sont vraisemblablement importantes pour vous.

Il est temps de se concentrer sur le plus important. Commencez à voir vos dépenses d'un nouvel œil et à les gérer tranquillement.

La gestion financière est un processus continu et vous pourrez voir les résultats positifs de vos efforts au fil du temps/ Si vous restez motivé et que vous continuez à travailler sur vos dépenses, vous pourrez parvenir à vos objectifs financiers plus rapidement que vous ne le pensez.

Maintenant, c'est à vous de prendre les rênes de votre vie financière. Soyez prêt à dépenser moins et à investir plus, car le temps et l'effort que vous investissez à présent vous permettront de récolter les fruits de vos dépenses plus tard. Avec cette nouvelle perspective, vous pourrez prendre des décisions financières plus éclairées et atteindre votre liberté financière en un rien de temps.

Qu'est-ce que cette Pyramide de Maslow ?

La pyramide de Maslow est un outil important pour comprendre les différents besoins de l'être humain et comment ils influencent ses décisions. Elle peut être utilisée pour mieux comprendre les motivations et les priorités en matière d'investissement.

Voici les différentes sections de la Pyramide de Maslow et comment elles peuvent s'appliquer à l'investissement avec un petit salaire :

☞ Besoins physiologiques

Ce sont les besoins de base tels que la nourriture, le sommeil, l'eau et un abri sûr. Si ces besoins ne sont pas satisfaits, avant de penser à l'investissement.

☞ Besoins de sécurité

Ce sont les besoins de sécurité financière, tels que la protection contre les risques, l'assurance et la sécurité financière. Les personnes ayant des besoins de sécurité élevés peuvent hésiter à investir leur argent dans des produits financiers qui comportent des risques. Il est de ce fait important de comprendre ces besoins et de les satisfaire avant de penser à l'investissement.

☞ Besoins d'appartenance et d'amour

Ce sont les besoins d'appartenance à une communauté ou à une famille et d'être aimé par les autres. Les personnes ayant des besoins élevés dans cette catégorie peuvent être influencées par les opinions des autres lorsqu'il s'agit des décisions d'investissement. Il est important de comprendre ces besoins et de ne pas les laisser influencer les décisions d'investissement.

☞ Besoins d'estime

Ce sont les besoins de reconnaissance et d'évaluation positive. Les personnes ayant des besoins élevés dans cette catégorie peuvent être influencées par les opinions des autres sur leurs décisions d'investissement. Il est important de comprendre ces besoins et de les satisfaire de manière autonome plutôt que de se laisser influencer par les opinions des autres.

☞ Besoins de réalisation de soi

Ce sont les besoins de développement personnel et de réalisation de soi. Les personnes ayant des besoins élevés dans cette catégorie peuvent être motivées à investir pour atteindre leurs objectifs financiers, personnels et pour se développer personnellement.

La Pyramide de Maslow a été théorisée par Abraham Maslow en 1943. Il était un psychologue humaniste qui a consacré sa carrière à étudier les motivations et les besoins humains.

Son but était de comprendre pourquoi les gens font ce qu'ils font et ce qui les motive à agir. Il a découvert que les besoins humains sont hiérarchiques et que lorsqu'un niveau est satisfait, l'individu peut se concentrer sur le niveau suivant.

La Pyramide de Maslow décrit cinq niveaux de besoins humains : les besoins physiologiques, la sécurité, l'appartenance, l'estime et l'épanouissement personnel. Chacun de ces besoins doit être satisfait pour que l'individu puisse se concentrer sur le niveau suivant.

Maslow a élaboré cette théorie en étudiant des personnes qui avaient atteint un haut niveau de réalisation personnelle, ce qui lui a permis de formuler sa théorie de la pyramide des besoins humains.

Depuis sa publication, la théorie de Maslow est largement acceptée dans le monde académique et a été appliquée à de nombreuses disciplines, telles que la psychologie, la gestion et les RH. De nombreuses recherches ont été effectuées pour prouver sa validité et beaucoup ont confirmé que les besoins humains suivent effectivement une hiérarchie similaire à celle décrite par Maslow.

En somme, la Pyramide de Maslow est un concept fondamental pour comprendre les motivations et les besoins humains. C'est un outil pour les personnes cherchant à atteindre un niveau de réalisation personnelle élevé, y compris dans le domaine financier. En comprenant leur propre hiérarchie de besoins, les gens peuvent se concentrer sur ce qui est vraiment important pour eux et travailler vers leur réalisation personnelle et financière.

Une fois qu'on comprend la Pyramide de Maslow, il est temps d'observer ses émotions et ses désirs dans un processus d'achat.

Observer ses émotions et ses désirs

Vous aimez les histoires ? Surtout si elles sont vraies ? Alors commençons par une histoire. On se retrouve ensuite pour la suite…

Tout commença par un après-midi, lorsque je suis allé au centre commercial avec mon mari. Au détour d'une allée de la galerie, je suis tombée sur une magnifique paire de chaussures brillantes. Mes yeux se sont immédiatement posés sur elles, captivés par leur éclat et leur élégance. Je me suis sentie attirée par elles, comme si elles étaient faites pour moi.
Je me suis approchée pour les admirer de plus près. Le cuir lisse et brillant était doux sous mes doigts et les strass sur le cité ajoutaient une touche de glamour supplémentaire. Je les ai essayées et je me suis sentie tellement belle et confiante avec elles sur mes pieds.

Je n'arrivais pas à détourner mon regard de mes nouvelles chaussures. Je me suis même mise à tourner lentement sur moi-même pour les admirer de tous les angles. C'était comme si elles étaient un reflet de ma personnalité brillante et élégante. Je me sentais comblée, heureuse et fière.
Mes pensées ont commencé à défiler à toute vitesse. Je me suis demandé combien de compliments, je recevrais lorsque je les porterai pour la première fois. Je me suis vue les porter pour un dîner en ville avec mon mari, pour une journée au bureau, pour une soirée entre amies. Je me suis sentie tellement excitée à l'idée de les porter et de montrer à tout le monde combien elles étaient magnifiques.

C'est à ce moment que j'ai réalisé que mes émotions jouaient un rôle clé dans mon envie d'acheter ces chaussures. Mes sens - la vue, le toucher et la perspective - ont tous été stimulés et ont nourri mon désir d'acheter ces chaussures. Je me suis sentie vraiment attirée par elles, comme si elles étaient la clé pour améliorer mon humeur, ma confiance en moi et mon bien-être.
Je me suis alors rappelée l'importance de prendre du recul et de réfléchir à mes motivations profondes avant de faire un achat.

Je me suis posé la question : "Est-ce que ces chaussures vont améliorer ma vie ?" La réponse était non. J'ai réalisé que je voulais les acheter simplement parce que je me sentais bien en les portant et que je voulais conserver cette sensation de bonheur.

J'ai alors décidé de ne pas acheter les chaussures. Bien que j'aie été déçue sur le coup, je me suis sentie apaisée.

Intéressant, n'est-ce pas ?
Il n'est pas possible de poursuivre ce livre sans vous parler d'un sujet qui va vous agacer ou que vous allez trouver ridicule.

Vous avez probablement déjà vécu la situation dans laquelle vous avez acheté quelque chose sans réfléchir et ensuite vous vous rendez compte que cet achat n'était pas nécessaire ou ne vous apportait pas le bonheur escompté.

Ce processus d'achat impulsif est souvent motivé par des émotions qui influencent notre esprit et notre mental. C'est pourquoi il est important de **prendre un moment de recul** pour observer son esprit et comprendre quelles sont les émotions et les pensées qui poussent à l'achat.

L'observation de soi peut aider à comprendre les motivations qui se cachent derrière nos désirs d'achat. Essayez de vous poser la question :

- "Qu'est-ce qui me pousse à acheter ce produit ?" Prenez le temps de vous connecter à vos émotions et de les explorer de manière consciente.
- Est-ce que je suis en train de chercher à combler un vide émotionnel ?
- Est-ce le fait d'avoir vu cet objet chez un(e) ami(e) qui m'a troublé ?
- Essayè-je de me prouver quelque chose ?
- Ou peut-être que je cherche simplement à me faire plaisir ?
- Ce sont mes parents qui m'ont conditionné en ce sens ?

En prenant du recul et en observant notre esprit, nous pouvons commencer à comprendre les motivations profondes qui se cachent derrière nos désirs d'achat et ainsi prendre des décisions plus conscientes et équilibrées. De plus, en apprenant à mieux comprendre nos émotions et à les gérer de manière calme et consciente, nous pouvons développer une relation plus saine avec l'argent et les achats.

Il est important de se rappeler que les émotions peuvent nous tromper et nous pousser à faire des choix qui ne sont pas toujours les meilleurs pour nous. C'est pourquoi l'observation de soi et le recul sont des outils précieux pour comprendre nos motivations profondes et de faire un achat impulsif, prenez un moment pour observer votre esprit et comprendre ce qui se cache derrière ce désir.

LE SAVIEZ-VOUS ?

Méditer ne signifie pas uniquement s'asseoir en tailleur en faisant le moine ! Non, méditer peut aussi signifier, réfléchir sur sa vie, sur ses pensées et sur ses émotions. C'est un moment où l'on peut se rencontrer sur soi-même et prendre du recul sur ce qui se passe autour de nous.

Vous vous demandez peut-être pourquoi méditer est si important pour avoir un calme de l'esprit. La réponse est simple : c'est à travers la méditation que nous pouvons nous débarrasser de toutes les distractions et les pensées parasites qui envahissent notre esprit au quotidien. En prenant le temps de méditer, nous permettons à notre esprit de se calmer et de se recentrer sur l'instant présent.

Il est également important de comprendre que notre esprit est soumis à une multitude d'influences extérieures, telles que les médias sociaux, les nouvelles, les publicités, les conversations avec les autres, et bien plus encore. Toutes ces influences peuvent avoir un impact sur notre état d'esprit, et nous pouvons nous retrouver à être constamment en train de réagir aux événements plutôt qu'à les apprécier.

C'est là que la méditation entre en jeu. En prenant le temps de méditer, nous pouvons développer une conscience accrue de notre esprit, de nos pensées et de nos émotions. Cela nous permet de voir clairement ce qui se passe en nous, sans être influencé par les distractions extérieures.

De plus, la méditation peut aider à améliorer la qualité de notre vie en nous aidant à gérer le stress, à mieux dormir, à améliorer notre mémoire et à augmenter notre niveau de concentration.
Il n'est pas nécessaire de méditer pendant des heures chaque jour pour obtenir des résultats. Même juste quelques minutes par jour peuvent faire une énorme différence dans votre vie. Vous pouvez méditer où que vous soyez et à n'importe quel moment de la journée. Il n'est pas nécessaire de porter des vêtements spéciaux ni de vous asseoir dans une position particulière. Vous pouvez simplement vous asseoir confortablement et fermer les yeux, en concentrant votre esprit sur l'instant présent.

En conclusion, méditer peut être un moyen amusant et simple de calmer votre esprit et de développer une meilleure compréhension de vos émotions.

Chapitre 1 : Les pièges à éviter lorsque l'on investit avec un petit salaire

Il y a de cela plusieurs années, un homme nommé Pierre avait un salaire modeste, mais il avait l'ambition de se constituer un patrimoine pour sa retraite. Il avait entendu parler d'un placement qui promettait un rendement élevé en peu de temps. Il décida donc de tout investir dans ce produit financier, croyant qu'il réaliserait rapidement une belle plus-value.

Malheureusement, Pierre avait oublié de faire des recherches sur la qualité de l'investissement et s'était fié uniquement à la promesse de rendement. Il ne savait pas que ce placement était en réalité très risqué et que la plupart des investisseurs y perdaient de l'argent.

Au bout de quelques mois, Pierre se rendit compte que le rendement était beaucoup plus faible que prévu, et même pire, il perdait de l'argent. Il était effondré. Il avait tout perdu alors qu'il était si proche de son objectif de se constituer un patrimoine pour sa retraite.

La morale de cette histoire est que lorsque l'on investit avec un petit salaire, il est important de ne pas se laisser tenter par des promesses de rendement élevé sans prendre le temps de faire des recherches sur la qualité de l'investissement. Les investissements à haut rendement sont souvent les plus risqués et peuvent entraîner des pertes importantes. Il est donc crucial de ne jamais investir plus que ce que l'on est prêt à perdre, et de diversifier ses placements pour minimiser les risques.

Les erreurs courantes commises par les épargnants modestes

Investir avec un petit salaire peut sembler difficile, mais cela ne veut pas dire que c'est impossible. Il est important de se rappeler que tous les investissements comportent des risques, mais en connaissant les erreurs courantes commises par les épargnants modestes, vous serez mieux préparé pour éviter ces pièges.

- **S'endetter pour investir**

Il est tentant de penser qu'emprunter de l'argent pour investir peut vous rapporter plus que vous empruntez, mais en réalité, il est rarement rentable de s'endetter pour investir. Cela peut même entraîner des difficultés financières si les investissements ne rapportent pas suffisamment pour rembourser les dettes.

- **Suivre les tendances**

Investir dans ce qui est à la mode peut paraître judicieux, mais cela peut s'avérer risquer. Les tendances peuvent changer rapidement et les investissements qui étaient populaires hier peuvent ne plus l'être demain. Il est important de faire des recherches et de comprendre les risques avant de prendre une décision d'investissement.

- **Éviter de diversifier**

Il est tentant de mettre tous ses œufs dans le même panier, surtout lorsque cela semble être une bonne occasion. Mais cela peut être risqué. La diversification permet de répartir les risques et de limiter les pertes si un investissement ne rapporte pas comme prévu.

- **Ne pas avoir d'objectifs**

Les investissements doivent être réalisés dans un but précis, comme épargner pour la retraite ou pour un projet à long terme. Si vous n'avez pas d'objectifs, il est difficile de savoir comment investir et quand prendre des décisions d'investissement.

- **Ne pas se tenir informé**

Les marchés financiers évoluent constamment et il est important de se tenir informé des dernières nouvelles et des tendances pour prendre des décisions d'investissement éclairées.

Il faut noter que ces erreurs ne sont pas réservées aux investisseurs modestes, mais sont souvent commises par toutes les personnes qui cherchent à investir, c'est pour cela, il est essentiel de faire des recherches, se documenter et de consulter des experts avant de prendre des décisions d'investissement.

Il est également important de mentionner que les banques et les compagnies d'assurances peuvent proposer des stratégies douteuses qui peuvent sembler rentables à court terme, mais qui peuvent s'avérer risquées à long terme. Il est donc important de bien comprendre les risques et de faire des recherches avant de se lancer dans un investissement.

Les résultats ne sont pas immédiats et de ne pas se laisser emporter par les émotions. Il est important de rester fidèle à sa stratégie d'investissement et de ne pas céder aux pressions du marché ou à celles des amis ou des connaissances. Il faut aussi être conscient que les investissements comportent des risques et que les gains ne sont pas garantis, mais avec une bonne planification et une bonne gestion de son patrimoine, les investisseurs peuvent maximiser leurs chances de réussir.

Les stratégies douteuses proposées par les banques et les compagnies d'assurances

Les stratégies douteuses proposées par les banques et les compagnies d'assurances peuvent être décevantes pour les investisseurs à petits salaires. Ces institutions peuvent vous inciter à investir dans des produits financiers qui ne sont pas adaptés à votre profil d'investisseur ou qui ont des frais cachés élevés. Il est donc important de se méfier des promesses trop belles pour être vraies et de bien comprendre les risques associés à chaque produit.

Un exemple de stratégie douteuse est l'utilisation de produits dérivés tels que les options binaires. Ces produits présentent un risque élevé pour les investisseurs et peuvent entraîner des pertes importantes. Les banques et les compagnies d'assurances peuvent également vous inciter à investir dans des fonds d'investissement qui ont des frais de gestion élevés, ce qui réduit vos gains potentiels.

En outre, certaines institutions financières peuvent vous inciter à investir dans des produits qui ont des objectifs de rendement trop élevés par rapport à la réalité du marché. Par exemple, une banque peut vous proposer un produit d'investissement qui promet un rendement de 10% par an, alors que le marché ne peut généralement pas offrir de tels rendements à long terme. Il est essentiel de se rappeler que les institutions financières ont leur propre agenda et peuvent être plus intéressées par leur propre profit que par votre bien-être financier. Il est donc crucial de faire vos propres recherches et de comprendre les risques associés à chaque produit avant de prendre une décision d'investissement.

Au lieu de se fier aux promesses des banques et des compagnies d'assurances, il est préférable de chercher des alternatives plus raisonnables et plus sûres qui sont adaptées à votre profil d'investisseur. Il est important de diversifier votre portefeuille en investissant dans différents types d'actifs, tels que des actions, des obligations et de l'immobilier.

Il est de ce fait essentiel de comprendre les risques associés à chaque type d'actif et de ne pas investir plus que ce que vous pouvez vous permettre de perdre.

Il faut se méfier des stratégies douteuses proposées par les banques et les compagnies d'assurances, de faire vos propres recherches, de diversifier votre portefeuille, de comprendre les risques liés à chaque type d'actif, de ne pas suivre aveuglément les tendances du marché et de ne pas paniquer lorsque les marchés sont en baisse. En suivant ces conseils, vous pourrez investir avec un petit salaire de manière plus raisonnable, plus sûre et plus rentable.

> *"La clé de la richesse n'est pas de gagner plus d'argent, mais de dépenser moins"*
>
> ***J. Paul Getty***

Approche philosophique sur le fait d'investir avec un petit salaire

L'approche philosophique sur l'épargne et l'investissement avec un petit salaire a varié au fil des siècles. Les différentes écoles de pensée ont proposé des approches variées sur la façon d'utiliser ses ressources financières de manière responsable.

Depuis l'Antiquité, la philosophie stoïcienne, fondée par Zénon de Citium au IIIe siècle avant JC, encourageait les gens à vivre simplement, à éviter les excès et à ne pas être trop attachés aux biens matériels. Les stoïciens croyaient que l'acquisition de richesses matérielles n'était pas la source de la bonne vie et que l'on devait être heureux avec peu.

L'école néoplatonicienne, fondée par Plotin au IIIe siècle, a également abordé la question de l'épargne et de l'investissement. Les néoplatoniques considéraient que la vie terrestre était temporaire et que la vraie richesse venait de l'âme. Ils incitaient les gens à s'investir spirituellement et à ne pas s'inquiéter trop des biens matériels.

Au Moyen Âge, les théologiens chrétiens comme saint Thomas d'Aquin, au XIIIe siècle, ont évoqué les aspects éthiques de l'épargne et de l'investissement. Ils ont enseigné que la richesse était un don de Dieu et que les gens devaient utiliser leurs ressources financières de manière responsable pour aider les autres. Ils ont enseigné que les riches devaient partager leur richesse avec les pauvres.

Lors de la Renaissance, la pensée humaniste s'est développée, en encourageant les gens à explorer le monde et à découvrir de nouvelles connaissances. Les humanistes croyaient que les gens devaient utiliser leur intelligence pour découvrir les moyens de vivre de manière plus heureuse et plus satisfaisante. Cela incluait également la façon de gérer leurs finances.

Au XVIIe siècle, la pensée économique classique s'est développée avec des philosophes tels qu'Adam Smith, qui a écrit "The Wealth of Nations".

Smith a défendu l'idée que l'économie devait être dirigée par la main invisible du marché et que les gens devaient être libres d'utiliser leurs ressources financières comme ils l'entendaient. Cela incluait la possibilité d'épargner et d'investir.

Enfin, la pensée socialiste au XIXe siècle, représentée par des philosophes tels que Karl Marx, l'approche de l'épargne et de l'investissement avec un petit salaire, a été abordée par la pensée économique et la morale. Les philosophes économiques classiques tels qu'Adam Smith et David Ricardo, qui ont vécu au XVIIIe et XIXe siècles, considéraient l'épargne comme un moyen de développer les forces productives de la nation. Ils ont soutenu que la promotion de l'épargne permettait d'accroître la production, la richesse et le bien-être général.

D'un autre côté, les utilitaristes tels que Jeremy Bentham et John Stuart Mill, qui ont également vécu au XIXe siècle, soutenaient que les décisions financières doivent être basées sur le principe de la maximisation du bonheur ou de l'utilité. Ils considéraient que l'épargne et l'investissement sont des moyens pour les personnes de maximiser leur bonheur et de se préparer pour l'avenir.

Des philosophes contemporains tels qu'Amartya Sen et John Rawls, qui ont vécu au XXe siècle, ont abordé la question de l'épargne et de l'investissement avec un petit salaire dans le cadre de leur réflexion sur la justice et la justice sociale. Ils ont soutenu que les personnes les plus vulnérables devraient avoir accès à des moyens financiers adéquats pour améliorer leur situation et garantir leur sécurité financière future.

Au fil des siècles, les différentes écoles philosophiques ont abordé l'épargne et l'investissement avec un petit salaire sous différents angles, mais l'objectif reste le même : **améliorer la situation financière des personnes et promouvoir la prospérité et la stabilité financière.**

Approche sociologique sur le fait d'investir avec un petit salaire

L'approche sociologique de l'épargne et de l'investissement avec un petit salaire a évolué au fil du temps et dépend du pays considéré.

En **sociologie anglaise**, la théorie classique de l'épargne a été développée par Thrift (1913), qui a proposé que l'épargne était un comportement rationnel en réponse aux incitations financières. Cependant, les travaux plus récents dans ce domaine ont montré que les facteurs sociaux et culturels jouent également un rôle important dans les comportements d'épargne. Par exemple, la théorie de l'habitus développé par Bourdieu (1980) suggère que les comportements d'épargne sont influencés par les habitudes et les normes culturelles.

En **sociologie française**, la tradition sociologique sur l'épargne remonte aux travaux de Durkheim (1893) qui considérait l'épargne comme un comportement moral, influencé par les normes et les valeurs collectives. Les travaux plus récents dans ce domaine incluent ceux de Piketty (2014) qui a montré comment les inégalités économiques influencent les comportements d'épargne et d'investissement.

En ce qui concerne l'épargne et l'investissement avec un petit salaire, les travaux et les plus récents ont montré que les barrières financières et les inégalités économiques peuvent rendre difficile l'épargne et l'investissement pour les ménages à faible revenu. Par exemple, les travaux de Hsu et Sarma (2017) ont montré que les ménages à faible revenu sont souvent confrontés à des coûts élevés pour épargner et investir, ce qui les dissuade de le faire. De même, les travaux de Carroll et Payton (2008) ont montré que les ménages à faible revenu sont exposés à des produits financiers peu fiables et peu rentables, ce qui peut les dissuader d'épargner et d'investir.

L'approche sociologique de l'épargne et de l'investissement avec un petit salaire est complexe et dépend du pays considéré.

Les travaux les plus récents montrent que les facteurs financiers et économiques, ainsi que les facteurs sociaux et culturels, jouent un rôle important dans les comportements d'épargne et d'investissement des ménages à faible revenu.

Par ailleurs, l'investissement est considéré comme un moyen pour les personnes à hauts revenus de faire fructifier leur argent. Cependant, de plus en plus de personnes à faibles et moyens salaires cherchent à investir également. Cette tendance peut être vue à) travers une analyse sociologique des motivations, des obstacles et des stratégies adoptées par les investisseurs à faibles et moyens salaires.

- **Motivations**

Les personnes à faibles et moyens salaires sont habituellement motivées par le besoin de préparer leur avenir financier et de préserver leur pouvoir d'achat à long terme. Elles peuvent souhaiter profiter de la croissance économique pour améliorer leur situation financière.

- **Obstacles**

Les investisseurs à faibles et moyens salaires peuvent faire face à un certain nombre d'obstacles, notamment le manque de connaissances financières, les frais associés aux investissements et le manque de liquidités. De plus, le manque de confiance dans les marchés financiers peut les dissuader d'investir.

- **Stratégies**

Pour surmonter ces obstacles, les investisseurs à faibles et moyens salaires peuvent adopter différentes stratégies. Ils peuvent commencer par éduquer leur propre sur les différentes options d'investissement, comme les fonds communs de placement ou les actions individuelles. Ils peuvent se concentrer sur des investissements à faible coût et à long terme tels que les fonds indiciels ou les **REIT**. De plus, ils peuvent diversifier leur portefeuille en investissant dans plusieurs classes d'actifs pour réduire leur risque.

En fin de compte, les investisseurs à faibles et moyens salaires peuvent bénéficier de l'investissement en préparant leur avenir financier, en préservant leur pouvoir d'achat et en profitant de la croissance économique. Cependant, il est important qu'ils soient conscients des obstacles potentiels et adoptent des stratégies judicieuses pour surmonter ces défis.

Une approche sociologique de l'investissement pour les personnes à faibles et moyens salaires souligne les motivations, les obstacles et les stratégies adoptées par ces investisseurs. Cela peut aider à comprendre pourquoi de plus en plus de personnes à faibles et moyens salaires cherchent à investir et comment elles peuvent surmonter les défis pour réussir dans cet objectif.

Approche psychologique sur le fait d'investir avec un petit salaire

Investir avec un petit salaire peut sembler décourageant, mais cela ne signifie pas que c'est impossible. C'est une question de priorité et de planification financière. La psychologie joue également un rôle important dans la réussite de cet objectif.

Tout d'abord, il est important de comprendre que vous n'êtes pas seul dans cette situation. De nombreuses personnes gagnent peu d'argent et cherchent des moyens de faire fructifier leur patrimoine. La clé est de commencer petit et de s'y tenir.

Il est essentiel de définir des objectifs financiers réalisables et de les intégrer à un budget mensuel strict. Cela peut impliquer de faire des sacrifices à court terme, mais cela en vaut la peine pour atteindre vos objectifs à long terme.
Il faut par ailleurs se renseigner sur les différentes options d'investissement disponibles, telles que les fonds communs de placement, les actions et les obligations. Il est important de comprendre les risques et les avantages associés à chaque option avant de prendre une décision d'investissement.

La psychologie joue également un rôle important dans la réussite de l'investissement avec un petit salaire. Il est fréquent de se sentir découragé lorsque les investissements ne donnent pas les résultats escomptés ou que les marchés financiers sont volatils. Il est important de garder une perspective à long terme et de ne pas abandonner en cas de défaite temporaire.

Il est de ce fait essentiel de ne pas céder à la tentation de suivre les conseils financiers non fondés ou les rumeurs du marché. Il est important de faire confiance à son plan d'investissement et de ne pas être influencé par les opinions des autres.

Enfin, il est important de s'entourer de personnes positives et de professionnels financiers compétents. Avoir un soutien peut aider à maintenir la motivation et à prendre des décisions financières judicieuses.

Investir avec un petit salaire nécessite de la planification, de la persévérance et de la psychologie positive. En comprenant les options d'investissement disponibles, en définissant des objectifs financiers réalisables et en restant motivé, vous pouvez réussir à faire fructifier votre patrimoine avec un petit salaire.

Approche politique sur le fait d'investir avec un petit salaire

L'organisation et la planification de son épargne et de ses investissements sont des éléments clés pour garantir un avenir financier stable en France. Compte tenu de la politique économique actuelle en France, il est plus important que jamais de prendre en main sa propre situation financière et de ne pas simplement compter sur l'État pour garantir sa sécurité financière à long terme.

En France, le système de protection sociale a été mis en place pour garantir une certaine sécurité financière aux citoyens. Cependant, le système de retraite en France est en train de connaître une crise financière croissante. Selon les projections de l'Inspection générale des finances, le système de retraite français pourrait manquer de 20 milliards d'euros d'ici à 2025. Cela signifie que les futurs retraités pourraient ne pas être en mesure de recevoir la pension qu'ils s'attendent à recevoir.

En outre, la politique fiscale en France est en constante évolution. Les gouvernements successifs ont apporté des modifications à la fiscalité pour essayer de stimuler l'économie et de générer des recettes pour l'État. Cela peut entraîner des incitations pour les investissements dans certaines industries ou secteurs, mais cela peut entraîner des incitations financières à ne pas investir dans d'autres industries. Il est donc important de comprendre les incitations fiscales actuelles pour prendre les bonnes décisions d'investissement.

L'importance d'organiser, de planifier son épargne et ses investissements soi-même en France est due à la crise financière croissante du système de retraite et à la politique fiscale en constante évolution. En prenant en charge sa propre situation financière, les individus peuvent garantir leur avenir financier et ne pas être victimes des incertitudes financières dans le système de protection sociale et les incitations fiscales.

Approche économique sur le fait d'investir avec un petit salaire

Investir avec un petit salaire peut sembler difficile, mais cela ne soit pas vous empêcher d'épargner et d'investir pour l'avenir. Pour réussir à investir avec un petit salaire, vous pouvez commencer petit et de façon régulière, en utilisant des investissements à faible coût comme les fonds indiciels. Il est utile de réduire vos dépenses pour économiser de l'argent et de privilégier les investissements à long terme pour bénéficier de la croissance des marchés financiers.

Vous pouvez utiliser des stratégies d'investissement telles que le plan d'investissement automatique ou l'investissement par paliers pour commencer à investir avec un petit montant et augmenter progressivement votre investissement. Il est important de diversifier votre portefeuille d'investissement en investissant dans une variété d'actifs pour réduire les risques liés à la performance d'un seul actif.

Il est important d'avoir une vision à long terme lorsqu'il s'agit d'investir avec un petit salaire. Les investissements à court terme peuvent sembler attrayants, mais ils sont souvent plus risqués et peuvent ne pas offrir des rendements élevés. En revanche, les investissements à long terme permettent de bénéficier de la croissance des marchés financiers et de réduire les risques liés aux fluctuations à court terme.

N'hésitez pas à chercher des conseils auprès de courtiers en ligne ou de conseillers financiers pour vous aider à planifier et à mettre en place une stratégie d'investissement solide.

Approche spirituelle sur le fait d'investir avec un petit salaire

L'approche spirituelle de l'investissement implique de considérer l'argent et les actifs financiers comme des moyens pour atteindre un but plus élevé. Il s'agit de considérer l'investissement non seulement en termes de gains financiers, mais aussi en termes de contribution à une vie significative et à une société plus juste.

Voici quelques façons d'intégrer une approche spirituelle à l'investissement avec un petit salaire :

- **Fixez vos valeurs et vos objectifs financiers**

Pour éviter de prendre des décisions impulsives et d'investir dans des entreprises qui ne correspondent pas à vos valeurs, prenez le temps de déterminer vos priorités et vos objectifs financiers à long terme.

- **Cultivez une attitude de gratitude**

Appréciez ce que vous avez et soyez reconnaissant pour les opportunités financières qui se présentent à vous, même si elles sont modestes.

- **Évitez le stress et la peur**

Le stress et la peur peuvent vous inciter à prendre des décisions hâtives ou erronées. Gardez à l'esprit que les fluctuations du marché sont normales et que la patience est une vertu en matière d'investissement.

- **Choisissez des investissements durables**

Priorisez les investissements qui ont une durée de vie durable et qui ont un impact positif sur l'environnement et la société.

- **Partagez vos bénéfices**

Considérez l'investissement comme un moyen de contribuer à la vie des autres et de créer un impact positif dans le monde.

- **Soyez conscient de votre propre ignorance**

N'ayez pas peur de rechercher de l'aide ou de consulter des experts en cas de besoin. L'investissement est un sujet complexe et il est toujours important d'acquérir de nouvelles connaissances pour prendre les meilleures décisions.

- **Adoptez une attitude d'abondance**

Croyez en votre capacité à attirer l'abondance financière dans votre vie et à utiliser ces ressources de manière responsable et constructive.

L'investissement avec un petit salaire peut être considéré comme une opportunité pour cultiver une perspective spirituelle de gratitude, de durabilité et d'abondance. En adoptant une attitude positive et en suivent les principes énoncés ci-dessus, vous pouvez faire un pas vers une vie financière plus épanouissante et plus significative.

Chapitre 2 : Des alternatives plus raisonnables, plus sûres et plus rentables

Un jeune couple nommé Jean et Julie étaient tous deux des travailleurs modestes et épargnaient tout ce qu'ils pouvaient pour préparer leur avenir financièrement. Ils ont été approchés par leur conseiller bancaire, qui leur a recommandé d'investir dans un fonds d'actions qui promettait des rendements élevés. Jean et Julie étaient excités par l'idée de gagner de l'argent rapidement, alors ils ont investi la majeure partie de leur épargne dans ce fonds.

Cependant, peu de temps après, le marché boursier a subi une forte baisse et le fonds d'actions a perdu une grande partie de sa valeur. Jean et Julie étaient dévastés en voyant leur épargne s'évanouir presque du jour au lendemain. Ils ont réalisé que les promesses de rendement élevé étaient souvent trop belles pour être vraies et qu'ils avaient pris un risque excessif en investissant dans ce fonds d'actions.

Néanmoins, Jean et Julie ne se sont pas laissé abattre et ont commencé à rechercher des alternatives plus raisonnables, plus sûres et plus rentables pour leur épargne. Ils ont découvert l'importance de la diversification de leur patrimoine et de l'investissement à long terme plutôt que de chercher des rendements rapides. Ils ont également appris à éviter leurs erreurs courantes commises par les épargnants modestes et à maximiser les rendements de leur capital.

Aujourd'hui, ils sont en bonne voie pour atteindre leurs objectifs financiers grâce à leur approche raisonnable et éclairée de l'investissement. Ils ont appris à leurs propres dépends que les promesses de rendement élevé peuvent généralement être trompeuses et qu'il est important de prendre le temps de comprendre les différentes options d'investissement avant de prendre une décision.

Les placements qui offrent un bon rendement sans prendre le risque excessif

Il existe plusieurs options pour les investisseurs qui cherchent à maximiser leurs rendements sans prendre de risque excessif. L'un de ces choix est l'investissement dans des fonds communs de placement. Ces fonds rassemblent l'argent de plusieurs investisseurs pour acheter des actions, des obligations ou d'autres types d'investissements. Les fonds communs de placement offrent fréquemment un rendement plus élevé que les comptes d'épargne, tout en étant moins risqués que les actions individuelles. Les fonds communs de placement sont gérés par des professionnels expérimentés qui sélectionnent les investissements les plus appropriés pour le fonds.

Un autre choix populaire pour les investisseurs qui cherchent à minimiser les risques est l'investissement dans les certificats de dépôt. Les certificats de dépôt (CD) sont des comptes d'épargne qui offrent un taux d'intérêt fixe et garanti. Les CD sont émis par les banques et sont garantis par la FDIC. Ils sont sûrs et peu risqués, mais leur rendement est majoritairement inférieur à celui des fonds communs de placement.

Les investisseurs peuvent envisager les investissements à revenu fixe tels que les obligations d'État, les obligations municipales et les obligations d'entreprise. Ces types d'investissements offrent habituellement un rendement régulier et prévisible, mais ils peuvent être exposés à certains risques, tels que le risque de défaut de crédit. Il est important de bien comprendre les risques associés à ces investissements avant de les inclure dans votre portefeuille.

Il existe plusieurs options pour les investisseurs qui cherchent à maximiser leurs rendements sans prendre de risque excessif. Les fonds communs de placement, les certificats de dépôt et les investissements à revenu fixe sont tous des choix populaires. Il est important de bien comprendre les risques associés à ces investissements avant de les inclure dans votre portefeuille. Il est aussi important de diversifier son portefeuille pour réduire les risques. Les options d'investissement qui offrent un bon rendement sans prendre de risque excessif incluent les fonds communs de placement, les certificats de dépôt et les investissements à revenu fixe. Il est important de bien comprendre les risques associés à ces investissements avant de les inclure dans votre portefeuille, et de diversifier pour minimiser les risques.

Les méthodes pour maximiser les rendements de son capital

Il est possible d'obtenir des rendements élevés sans prendre de risques excessifs, mais il est important de savoir où chercher et comment investir de manière stratégique.

- **Diversifier son portefeuille d'investissement**

Cela signifie de ne pas mettre tous ses œufs dans le même panier. Par exemple, plutôt que de tout investir dans l'immobilier, il est judicieux de diversifier en investissant également dans des actions, des obligations, des fonds communs de placement, etc. Cela réduit les risques, car si une classe d'actifs subits des pertes, les autres peuvent compenser ces pertes.

- **Savoir quand acheter et quand vendre**

La plupart des investisseurs achètent lorsque les prix sont élevés et vendent lorsque les prix sont bas. Cependant, l'approche inverse, appelée **"achat à bas prix, vente à haut prix"**, peut entraîner des rendements plus élevés. Il est donc important de suivre les tendances du marché et de savoir quand il est temps de réaliser des gains ou de réduire des pertes.

- **Mettre en place une stratégie d'investissement à long terme**

Les investissements à long terme ont tendance à être plus stables et à offrir des rendements plus élevés que les investissements à court terme. Cela permet de profiter des hausses et des baisses à long terme des marchés financiers.

Il ne faut pas s'en tenir aux investissements traditionnels et d'explorer les investissements alternatifs tels que les investissements dans les start-ups ou les investissements dans les projets écologiques. Ces types d'investissements peuvent offrir des rendements élevés, mais ils comportent également des risques plus importants. Il est alors crucial de bien comprendre les risques avant de se lancer dans ces types d'investissements.

Pour maximiser les rendements de son capital lorsque l'on investit avec un petit salaire, il faut diversifier son portefeuille, de savoir quand acheter et vendre, de mettre en place une stratégie d'investissement à long terme et de ne pas hésiter à explorer les investissements alternatifs.

> *"La sagesse consiste à connaître la valeur de l'argent et à savoir comment l'utiliser"*
>
> **Benjamin Franklin**

Chapitre 3 : La gestion de patrimoine, une affaire d'objectifs

En 1929, la bourse de New York a connu le plus grand krach de son histoire. De nombreux investisseurs ont perdu toutes leurs économies, y compris ceux qui avaient suivi les conseils des experts financiers de l'époque. Cependant, une histoire peu connue est celle de la famille Smith, une famille de fermiers du Texas qui n'avait jamais investi en bourse. Ils ont choisi de conserver leur épargne sous forme de réserves pour leur exploitation agricole et ont évité les pertes financières du krach.

Cet exemple montre l'importance d'avoir des objectifs clairs pour la gestion de son patrimoine. Les Smith avaient un but précis pour leur argent : investir dans leur ferme. En conséquence, ils ont choisi un placement qui les aiderait à atteindre leur objectif, plutôt que de suivre les conseils d'experts ou les tendances du marché. Cette histoire rappelle que la gestion de patrimoine est avant tout une affaire de buts personnels et de choix de placement en fonction de ces objectifs.

En outre, la famille Smith a su rester patiente et ne pas paniquer face à la crise économique. Au lieu de vendre leurs avoirs à perte, ils ont choisi de les conserver et d'attendre que les choses se stabilisent. Cela leur a permis de protéger leur épargne et de continuer à investir dans leur exploitation agricole. La famille Smith a également compris l'importance de la diversification de leurs investissements pour minimiser les risques financiers. En investissant uniquement dans leur femme, ils ont pu minimiser les effets du krach sur leur patrimoine.

La famille Smith a montré que la gestion de patrimoine réussie est fondée sur des objectifs clairs, de la patience et de la diversification des investissements. Cet exemple peut inspirer les investisseurs à adopter une approche plus personnelle et stratégique pour la gestion de leur patrimoine.

Les raisons intemporelles et le contexte actuel pour gérer son argent

Il est temps de parler de la gestion de son patrimoine et de la raison pour laquelle il est crucial de le faire. Pour commencer, il est important de rappeler que gérer son argent, c'est avant tout définir ses objectifs financiers à court et à long terme, et mettre en place une stratégie pour y parvenir.

Mais pourquoi est-il important de gérer son patrimoine ? Tout d'abord, il y a des raisons intemporelles, qui sont valables quel que soit le contexte économique. Il s'agit de se préparer aux imprévus de la vie, tels que les dépenses médicales ou les vieux jours. Il s'agit également de se donner les moyens de réaliser ses projets, comme l'achat d'une maison ou des vacances de rêve.

Ensuite, il y a des raisons liées au contexte actuel, qui sont liées aux tendances économiques et à l'évolution de la société. Aujourd'hui, l'espérance de vie est en constante augmentation, ce qui signifie que les personnes vont devoir épargner plus longtemps pour leur retraite. De plus, les taux d'intérêts sont historiquement bas, ce qui rend plus difficile de faire fructifier son épargne à travers les placements classiques.

Pour bien gérer son argent, il est important d'être bien informé. Il est donc conseillé de se familiariser avec les différentes options d'investissement disponibles (comme la bourse, l'immobilier, etc.) et de comprendre les risques et les opportunités qu'elles représentent. Il est également important de comprendre les concepts de base de la comptabilité et de la fiscalité pour bien gérer ses finances.

Gérer son argent, c'est avant tout définir ses objectifs financiers, mettre en place une stratégie pour y parvenir et s'adapter aux tendances économiques actuelles. C'est-à-dire, être bien informé et comprendre les risques et les opportunités liés aux différents types d'investissement.

Présentation du concept d'investissement par projet et de son importance pour placer ses économies

L'investissement par projet est un concept qui consiste à placer son argent dans des projets précis et à suivre leur évolution, plutôt que de simplement placer son argent dans des produits financiers tels que des actions ou des obligations. Cette méthode est particulièrement importante pour les personnes qui ont un petit salaire, car elle permet de maximiser les rendements de son capital tout en prenant un risque raisonnable.

Il existe plusieurs raisons pour lesquelles l'investissement par projet est une méthode efficace pour les personnes qui ont un petit salaire. Tout d'abord, cela permet de mieux comprendre où va l'argent et comment il est utilisé. De plus, en investissant dans des projets précis, il est possible de cibler des secteurs qui ont un potentiel de croissance élevé, tels que les technologies de l'information ou les énergies renouvelables.

En outre, l'investissement par projet permet de mieux diversifier son portefeuille d'investissement, en plaçant son argent dans différents projets et secteurs. Cela réduit le risque de perdre tout son argent en cas de difficultés économiques ou de problèmes spécifiques à un secteur.

Il est important de mentionner que l'investissement par projet permet de suivre l'évolution d'un projet à partir de ses débuts et de prendre des décisions en conséquence. Par exemple, si l'on investit dans une entreprise qui lance un nouveau produit innovant, on peut suivre l'évolution de ce produit sur le marché et prendre des décisions sur la poursuite ou non de l'investissement.

L'investissement par projet est un concept important pour les personnes qui ont un petit salaire, car il permet de maximiser les rendements de son capital tout en prenant un risque raisonnable. Il permet de mieux comprendre où va l'argent et comment il est utilisé, de cibler des secteurs à fort potentiel de croissance et de diversifier son portefeuille d'investissement. Il est important de mettre en place une stratégie pour atteindre ses objectifs financiers.

Définition de ses objectifs et mise en place d'une stratégie pour y parvenir

Définir ses objectifs et mettre en place une stratégie pour y parvenir est l'une des étapes clés pour réussir à investir avec un petit salaire. C'est en comprenant vos besoins financiers à court et à long terme, ainsi que vos tolérances au risque, que vous pourrez choisir les placements les plus appropriés pour vous.

Il est important de se rappeler que chaque personne a des besoins et des objectifs financiers uniques. Certains peuvent souhaiter épargner pour la retraite, tandis que d'autres peuvent vouloir économiser pour acheter une maison ou financer les études de leurs enfants. Il est donc essentiel de prendre le temps de définir vos propres objectifs avant de commencer à investir.

Une fois que vous avez défini vos objectifs, il est temps de mettre en place une stratégie pour y parvenir. Cela peut inclure, diversifier votre portefeuille d'investissements, maximiser vos rendements en choisissant des placements à haut rendement, et limiter vos risques en choisissant des placements plus sûrs. Il peut être judicieux de consulter un conseiller financier pour vous aider à élaborer une stratégie adaptée à votre profil d'investisseur.

Il est essentiel de suivre régulièrement vos placements et de réajuster votre stratégie en fonction de vos besoins évolutifs et de l'évolution de la situation économique.

Rappelez qu'investir ne doit pas être considéré comme un parcours semé d'embûches, mais plutôt comme une opportunité pour atteindre vos objectifs financiers à long terme. En utilisant une approche raisonnable, en évitant les erreurs courantes et en mettant en place une stratégie adaptée à vos besoins, vous pourrez investir efficacement même avec un petit salaire.

> *"L'argent ne tombe pas du ciel, il faut le gagner et savoir le faire fructifier"*
> **Napoléon Bonaparte**

Chapitre 4 : Les concepts clés pour bien gérer son argent

Au milieu du XIXe siècle, l'industriel américain JP Morgan avait une approche très pragmatique de l'investissement. Il croyait que pour comprendre l'investissement, il était nécessaire de le comprendre de l'intérieur. Ainsi, il se spécialisa dans le financement des chemins de fer, ce qui lui permit de comprendre les tendances économiques et les opportunités d'investissement.

Cependant, il y a une anecdote qui montre bien son approche. Lorsqu'on lui demande pourquoi il n'investissait pas dans une entreprise qui avait un rendement très élevé, il répondit simplement : "Je ne comprends pas l'affaire". Cette réponse peut sembler simple, mais elle est très puissante.
Morgan savait que pour réussir en tant qu'investisseur, il fallait comprendre ce que l'on investissait. Si l'on ne comprenait pas l'affaire, il était impossible de savoir si elle serait rentable à long terme. De plus, si l'on ne comprenait pas les risques associés à l'investissement, il était impossible de déterminer si le rendement était justifié.

Cette leçon est encore valable aujourd'hui. Il est important de comprendre les fondamentaux d'un investissement avant de décider d'y investir. Cela signifie qu'il faut prendre le temps d'étudier les tendances du marché, les opportunités d'investissement, les risques et les opportunités.

Pour gérer son argent de manière efficace, il est crucial de comprendre les concepts clés de l'investissement et de prendre le temps de comprendre l'affaire avant de décider d'y investir. C'est en suivant ces principes que l'on peut maximiser les rendements de son capital et atteindre ses objectifs financiers à long terme.

Concepts génériques : comprendre ses dépenses et revenus

Comprendre ses dépenses et revenus est un concept clé pour bien gérer son argent. C'est comme savoir où va chaque euro de votre salaire. Si vous ne savez pas où votre argent est dépensé, il sera difficile de déterminer où vous pouvez économiser et où vous pouvez investir.

Pour commencer, il est important de dresser une liste de toutes vos dépenses récurrentes, comme votre loyer, votre assurance, vos factures d'électricité et de gaz, votre abonnement internet, etc. Ensuite, faites une liste de vos dépenses occasionnelles, comme les vacances, les cadeaux d'anniversaire, les dépenses de Noël, etc. Enfin, faites une liste de vos revenus, comme votre salaire, vos revenus locatifs, vos revenus de placements, etc.

Une fois que vous avez une idée de vos dépenses et revenus, vous pouvez commencer à analyser vos finances. Utilisez un tableau ou un logiciel pour suivre vos dépenses et vos revenus. Cela vous permettra de voir où vous dépensez le plus d'argent et où vous pourriez économiser.

Il faut noter que les dépenses peuvent être divisées en deux catégories : les dépenses nécessaires et les dépenses inutiles. Les dépenses nécessaires sont celles qui sont indispensables à votre survie, comme le logement, la nourriture et les soins médicaux. Les dépenses inutiles sont celles qui ne sont pas absolument nécessaires, comme les magazines, les vêtements de marque et les abonnements inutiles.

Il est préférable aussi de noter que les dépenses inutiles peuvent être éliminées pour économiser de l'argent, tandis que les dépenses nécessaires doivent être gérées pour minimiser le coût. Il est important de noter qu'il existe des moyens de réduire les coûts des dépenses indispensables, comme en cherchant des offres spéciales ou des remises.

Enfin, pour investir avec un petit salaire, il est important de définir ses objectifs et de mettre en place une stratégie pour y parvenir. Il est essentiel de noter que les objectifs peuvent être à court terme, comme économiser pour un achat spécifique, ou à long terme, comme économiser pour la retraite.

Comprendre ses dépenses et revenus est la clé pour bien gérer son argent et atteindre ses objectifs financiers. Cela nécessite de prendre le temps de dresser un état des lieux de ses finances, de mettre en place des stratégies pour maximiser les revenus et réduire les dépenses, et de diversifier ses sources de revenus. En suivant ces étapes, vous pourrez mieux comprendre vos finances et prendre des décisions plus éclairées pour atteindre vos objectifs financiers.

Importance de la diversification de son patrimoine

La diversification de son patrimoine est un concept clé pour bien gérer son argent. Cela signifie simplement répartir ses investissements sur différentes classes d'actifs, comme les actions, les obligations, les immeubles et les investissements alternatifs. Cela permet de réduire le risque global en ayant des investissements qui réagissent différemment aux fluctuations économiques.

Imaginez que vous avez tous vos œufs dans le même panier : si ce panier tombe, tous vos œufs sont cassés. Mais si vous répartissez vos œufs dans plusieurs paniers, même si un panier tombe, vous aurez encore des œufs intacts. C'est la même chose pour vos investissements.
Il y a plusieurs avantages à diversifier son patrimoine :

- Cela permet de réduire le risque général de son portefeuille. Si vous avez tous vos investissements dans une seule classe d'actifs, vous êtes exposé à un risque plus élevé. En diversifiant, vous répartissez ce risque sur différentes classes d'actifs.

- Cela permet d'optimiser les rendements. Chaque classe d'actifs a des rendements différents, et en diversifiant, vous pouvez profiter des rendements de différentes classes d'actifs.

- Cela permet de profiter des différents cycles économiques. Certaines classes d'actifs sont plus performantes dans certaines phases de l'économie, et en diversifiant, vous pouvez profiter de ces phases.

Il faut noter que la diversification ne garantit pas un rendement positif ni une protection contre les pertes, mais elle permet de réduire le risque global. Il est également important de diversifier en fonction de ses objectifs et de sa tolérance au risque.

Pour diversifier son patrimoine, il existe plusieurs méthodes :

- Investir dans des actions, des obligations, des fonds d'investissement, des produits dérivés, etc.

- Investir dans des actifs réels tels que l'immobilier ou l'or.

- Investir dans des actifs numériques tels que les crypto-monnaies.

Il est essentiel de rappeler qu'il existe des plateformes en ligne qui proposent des produits financiers diversifiés pour des petits montants tels que des **ETF** (Exchange Traded Funds), des **PEA** (Plan d'Epargne en Actions) et des **SCPI** (Société Civile Immobilier).

"L'investissement est le meilleur moyen de faire fructifier son argent"
Robert Kiyosaki

Chapitre 5 : Les concepts avancés pour gérer ses finances

"Le chemin vers la richesse ne se fait pas en un jour, mais en prenant de petites décisions judicieuses chaque jour." C'est ce que disait l'investisseur légendaire Warren Buffett. Il n'a pas eu tort, car son parcours montre qu'investir avec un petit salaire peut mener à une fortune immense.

Buffett a commencé à investir dans des actions à l'âge de 11 ans avec les gains de son travail d'été. Au fil des ans, il a continuellement acheté des actions de sociétés qu'il considérait sous-évaluées, à un moment où la plupart des gens ne croyaient pas en leur potentiel. Cependant, il a persévéré et a vu ses investissements grandir au fil du temps.

Buffett est devenu millionnaire à l'âge de 32 ans grâce à ses investissements judicieux. Il a continué à investir avec diligence et est aujourd'hui considéré comme l'un des investisseurs les plus riches et les plus réussis de tous les temps, avec une fortune estimée à plus de 100 milliards de dollars.

Cette histoire montre que même avec un petit salaire, il est possible d'investir et de devenir riche avec le temps. Tout ce dont vous avez besoin est de la patiente, de la persévérance et de la sagesse pour faire les bons choix d'investissement. Commencez petit, comprenez les concepts clés de la gestion de l'argent et continuez à apprendre et à grandir avec le temps. Vous pourriez bien suivre les traces de Warren Buffett et devenir un investisseur réussi.

Comptabilité et fiscalité : les bases à connaître

La comptabilité et la fiscalité sont des aspects importants de la gestion de patrimoine. Il est crucial de comprendre les bases de ces deux domaines pour pouvoir investir efficacement avec un petit salaire.

Commençons par la comptabilité. C'est le processus de tenue de registres des finances d'une entreprise ou d'une personne. Cela comprend la saisie des transactions financières, la création d'états financiers et la production de rapports pour les actionnaires, les investisseurs et les autorités fiscales. En tant qu'investisseur, il est important de comprendre les états financiers pour évaluer la performance d'une entreprise et prendre des décisions d'investissement éclairées.

La fiscalité, quant à elle, concerne les impôts et les taxes que les individus et les entreprises doivent payer. Il faut comprendre les règles fiscales pour maximiser les déductions d'impôt et minimiser les paiements d'impôt. Par exemple, il est essentiel de reconnaître les lois de défiscalisation immobilière pour maximiser les avantages fiscaux liés à l'investissement immobilier.

Enfin, il est essentiel de comprendre les règles de déclaration fiscale pour éviter tout problème avec les autorités fiscales. Il est donc important de conserver tous les documents relatifs à ses investissements et de les déclarer correctement sur ses déclarations de revenus.

Il est préférable de noter que comprendre la comptabilité et la fiscalité n'est pas seulement utile pour maximiser les avantages financiers, mais cela peut vous aider à éviter les erreurs courantes qui entraînent des conséquences financières négatives.

La comptabilité et la fiscalité sont des éléments clés pour comprendre les finances et investir efficacement. Il faut comprendre les états financiers des entreprises, les règles fiscales et les règles de déclaration fiscale pour maximiser les   avantages financiers et éviter les erreurs courantes.

La gestion de son cash-flow : comprendre les flux d'argent entrant et sortant

La gestion de son cash-flow est l'un des éléments clés pour réussir à investir avec un petit salaire. Il s'agit de comprendre les flux d'argent entrant et sortant, c'est-à-dire les revenus et les dépenses. Lorsque vous avez une bonne compréhension de ces flux d'argent, vous pouvez alors décider où il est le plus judicieux d'investir votre argent.

Pour commencer, il est important de dresser un état des lieux de vos finances. Faites un inventaire de vos revenus et de vos dépenses. Cela peut vous sembler fastidieux, mais c'est un passage indispensable pour comprendre comment vous utilisez votre argent. Il existe des outils en ligne, comme **Mint** ou **YNAB,** qui peuvent vous aider à faire cet inventaire.

Une fois que vous avez une bonne compréhension de vos finances, vous pouvez alors vous concentrer sur les dépenses qui ne sont pas essentielles et qui peuvent être réduites. Par exemple, vous pourriez réduire votre abonnement à un service de streaming vidéo ou à un club de sport. Ces économies peuvent ensuite être réinvesties dans des placements plus rentables.

Il est aussi essentiel de maximiser les flux d'argent entrant. Cela peut signifier, trouver des moyens de gagner de l'argent supplémentaire, comme un travail à temps partiel ou un revenu passif. Il existe de nombreux moyens de gagner de l'argent en dehors de son emploi principal, comme la location d'une chambre sur Airbnb ou la vente de produits en ligne sur Amazon.

Pour les investissements, il est important de diversifier son portefeuille. Cela signifie ne pas mettre tous ses œufs dans le même panier. Par exemple, vous pourriez investir dans des actions, des obligations, des fonds communs de placement et même dans l'immobilier. La diversification permet de réduire le risque d'investir tout son argent dans une seule entreprise ou secteur.

Il faut se fixer des objectifs d'investissement à long terme. Par exemple, vous pourriez vouloir épargner pour votre retraite ou pour financer l'étude de vos enfants. Il est important de définir ces objectifs et de mettre en place une stratégie pour y parvenir. Cela peut inclure des investissements à long terme tels que des actions ou des fonds communs de placement.

La gestion de son cash-flow est un élément clé pour réussir à investir avec un petit salaire. Il s'agit de comprendre les flux d'argent entrant et sortant de votre budget, de diversifier vos sources de revenus et vos investissements, de comprendre les concepts clés de la comptabilité et de la fiscalité, et de comprendre les cycles économiques et la finance comportementale. En suivant ces conseils, vous pourrez maximiser les rendements de votre capital et réaliser vos objectifs financiers.

> *"La richesse ne peut pas être héritée, elle doit être acquise"*
> **Andrew Carnegie**

Chapitre 6 : Analyse de son budget

Pendant des décennies, les Américains ont été encouragés à épargner pour leur retraite en utilisant des produits financiers tels que des fonds communs de placement, des comptes d'épargne retraite (401k) et des IRA. Cependant, pour de nombreux Américains à faible revenu, la réalité de l'investissement semblait être très différente de ce qui leur avait été promis. Les fonds communs de placement étaient souvent remplis d'actions risquées et coûteuses, tandis que les taux d'intérêt sur les comptes d'épargne retraite étaient souvent insuffisants pour couvrir les coûts de la vie à la retraite.

En 2008, la crise financière a exposé les lacunes de ce système d'investissement, lorsque les marchés boursiers ont chuté et que de nombreux Américains ont vu leur épargne retraite fondre comme neige au soleil. Toutefois, pour certains Américains à faible revenu, il y avait une lueur d'espoir dans cette crise financière. Ils ont commencé à explorer de nouvelles méthodes d'investissement, telles que l'investissement immobilier et la finance comportementale.

L'investissement immobilier leur a offert une opportunité de sécurité et de stabilité, grâce à des rendements plus fiables et à des coûts d'entrée relativement bas. De plus, la finance comportementale leur a apporté une nouvelle perspective sur l'investissement, en mettant l'accent sur la compréhension des cycles économiques et des tendances du marché plutôt que sur la simple suivie des conseils d'experts financiers.

Au fil des ans, ces Américains à faible revenu ont découvert que les méthodes d'investissement traditionnelles ne convenaient peut-être pas à leur situation financière, et ont exploré de nouvelles options qui leur ont permis de gérer leur argent de manière plus efficace et plus raisonnable. L'analyse de leur budget est devenue un élément clé de leur stratégie financière, leur permettant de mieux comprendre leurs dépenses et leurs revenus, et de planifier leur avenir financier avec confiance.

Importance de l'établissement d'un budget et les méthodes pour y parvenir

L'établissement d'un budget est un outil clé pour gérer efficacement ses finances, surtout lorsque l'on dispose d'un salaire modeste. Cela permet de comprendre ses dépenses et revenus, et de mettre en place une stratégie pour atteindre ses objectifs financiers.

L'une des méthodes les plus courantes pour établir un budget est de créer un tableau récapitulatif de ses revenus et dépenses. Il est important de lister toutes les dépenses, même les plus petites, pour valoir une vision complète de ses finances. Ensuite, il est possible de catégoriser les dépenses en fonction de leur importance (exemple : dépenses essentielles, dépenses superflues).

Une autre méthode pour établir un budget est de suivre la méthode 50/30/20. Selon cette méthode, 50% de ses revenus devraient être utilisés pour les dépenses essentielles (logement, nourriture, transport), 30% pour les dépenses occasionnelles (loisirs, vêtements) et 20% pour l'épargne et les investissements.

Il est également possible d'utiliser des applications de gestion de finances, telles que Mint, PocketGuard ou Wally, pour aider à établir et à suivre un budget. Ces applications permettent de connecter vos comptes bancaires et cartes de crédit et de suivre automatiquement vos dépenses.

Pour établir un budget efficace, il est important de fixer des objectifs financiers à atteindre (exemple : épargner pour une voiture, un voyage, une retraite) et de s'y tenir. Cela permet de rester motivé et de maintenir une vision à long terme. Il est aussi important de revoir régulièrement son budget pour s'assurer qu'il est encore adapté à ses besoins et objectifs.

Établir un budget est un élément clé pour gérer efficacement ses finances, surtout lorsque l'on dispose d'un salaire modeste. Il est donc important de comprendre ses dépenses et revenus, de se fixer des objectifs financiers à atteindre et d'utiliser des outils pour suivre et ajuster son budget constamment.

Astuces pour mieux budgéter et gérer son budget à deux

Gérer son budget à deux peut s'avérer difficile, notamment lorsque les revenus sont limités. Cependant, il existe des astuces pour mieux budgéter et optimiser vos économies.

- **Commencez par établir un budget commun**

Prenez le temps de discuter de vos revenus, dépenses et objectifs financiers à deux. Cela vous permettra de mieux comprendre les priorités de chacun et de mettre en place une stratégie d'épargne commune.

- **Faites une analyse de vos dépenses**

Utilisez des outils en ligne ou des applications pour suivre vos dépenses et identifier les postes où vous pourriez réaliser des économies. Cela vous permettra de cibler les dépenses superflues et de les réduire.

- **Faites des achats malins**

Utilisez des comparateurs de prix pour trouver les meilleures offres et profitez des soldes et des codes promos pour réaliser des économies sur vos achats.

- **Faites des économies sur les factures**

Vérifiez vos abonnements et vos contacts d'assurance pour vous assurer que vous payez le juste prix. Utilisez des comparateurs pour trouver les meilleures offres et réaliser des économies sur vos factures d'énergie, de téléphone, etc.

- **Cuisinez à la maison**

Préparez vos repas à la maison peut vous faire économiser de l'argent, tout en vous permettant de manger plus sainement. Planifiez vos repas à l'avance et faites des courses en fonction de vos besoins.

- **Faites des économies sur les sorties**

Sortir peut vite coûter cher, surtout lorsque l'on prend en compte les dépenses liées au transport, à la nourriture et aux boissons. Pour éviter les dépenses superflues, planifiez vos sorties à l'avance et optez pour des activités gratuites ou peu coûteuses.

En suivant des astuces, vous pourrez mieux gérer votre budget à deux et optimiser vos économies. N'oubliez pas de fixer des objectifs financiers à court et à long terme et de vous y tenir. Et n'hésitez pas à vous faire accompagner par un conseiller en gestion de patrimoine pour vous aider à mettre en place une stratégie d'investissement adaptée à votre situation.

> *"L'investissement intelligent commence par l'analyse de soi-même"*
> ***Benjamin Graham***

Chapitre 7 : Méthodes et Astuces pour gagner de l'argent

Au début du XXe siècle, un jeune homme nommé Joseph Kennedy, issu d'une famille modeste, avait commencé à investir dans l'immobilier avec son petit salaire. Il avait acheté une petite maison en périphérie de Boston et l'avait louée. C'était le début de son parcours en étant qu'investisseur immobilier réussi.

Au fil du temps, il a acheté plusieurs propriétés immobilières, en utilisant les loyers pour acheter de nouvelles propriétés et ainsi de suite. En peu de temps, il avait créé une petite fortune.
Cependant, Joseph Kennedy n'a pas seulement réussi en tant qu'investisseur immobilier. Il a également commencé à investir dans des actions et des fonds communs de placement. Il a compris l'importance de la diversification de son patrimoine et a su jouer sur les opportunités du marché. Grâce à sa diligence et à son dévouement, Joseph Kennedy est devenu un des investisseurs les plus réussis de son temps.

Cette anecdote montre que même un avec un petit salaire, il est possible de réussir en investissant dans divers produits financiers, comme l'immobilier et les actions. Ce qui est important, c'est de comprendre les concepts clés de la finance et d'être patient. Cela peut prendre du temps, mais en persévérant, vous pouvez créer une petite fortune pour vous-même.

Il est important de mentionner que Joseph Kennedy n'a pas eu peur de prendre des risques. Il a acheté des propriétés en périphérie de Boston alors que la ville était en train de se développer, il a su anticiper les opportunités du marché. Cela montre l'importance d'être informé et de se tenir informé de l'environnement économique et politique.

Cette anecdote montre que même avec un petit salaire, il est possible de réussir en investissant judicieusement.

Il suffit de comprendre les concepts clés de la finance, d'être patient et d'être prêt à prendre des risques calculés. En suivant ces conseils, vous pouvez construire une petite fortune pour vous-même.

Acheter un appartement pour le louer

Acheter un appartement pour le louer, c'est ce qu'on appelle un investissement locatif. Que ce soit pour construire votre patrimoine en vue de votre retraite ou pour améliorer votre fiscalité, vous y avez déjà pensé, mais vous n'osez pas vous lancer ? Il est temps de sauter le pas, surtout que selon votre situation et votre projet, vous pouvez investir sans apport personnel.

Un investissement locatif réussi, c'est avant tout une rentabilité nette intéressante. Pour la calculer, il faut prendre en compte les loyers que vous allez recevoir, les réductions d'impôt que vous pouvez obtenir, et les diverses charges à payer.

> ➢ **Choisir la bonne zone géographique :**

La première étape pour acheter un appartement en vue de le louer est de bien choisir l'emplacement. Pour réussir dans ce type d'investissement et garantir sa rentabilité, il est important de pouvoir trouver facilement des locataires. Voici quelques critères pour vous aider à sélectionner la zone idéale :

- une croissance démographique
- un quartier bien desservi en termes de transport
- de nombreux commerces de proximité
- de beaux espaces verts

Par exemple, si vous souhaitez acheter un appartement neuf de 4 pièces pour le louer, privilégiez une zone avec des écoles de qualité et des commerces à proximité, car cela intéressera principalement les familles.

Si vous achetez un studio pour les étudiants, concentrez-vous sur des zones proches des universités ou du centre-ville, dans les quartiers jeunes et animés.

> ### ➤ Étudier le marché immobilier :

Avant de se lancer dans l'achat d'un appartement en vue de le louer, il est important de bien étudier le marché locatif. Après valoir choisi la zone géographique, jetez un coup d'œil aux annonces immobilières pour en savoir plus sur le taux de logements vacants et les montants des loyers pratiqués.

Si vous fixez un loyer trop élevé, il sera difficile de le louer et vos locataires resteront probablement moins longtemps (ce qui vous obligera à faire plus d'états des lieux, à consacrer plus de temps aux visites, etc.). Pensez à long terme pour éviter la vacance locative te rentabiliser votre investissement immobilier.

La sous-location professionnelle

Tout d'abord, il est important de comprendre ce qu'est la sous-location professionnelle. Il s'agit de louer une partie de votre espace de travail, comme un bureau ou une salle de réunion, à une autre entreprise ou à un indépendant. Cela peut vous permettre de gagner de l'argent supplémentaire tout en utilisant un espace qui ne serait pas utilisé en permanence.

Cela peut sembler intimidant au départ, mais il existe des entreprises spécialisées comme Regus ou WeWork qui peuvent vous aider à trouver des locataires pour votre espace de travail. Elles peuvent également s'occuper de la gestion des contrats, des factures et des paiements.

Prenons l'exemple d'un entrepreneur qui loue un bureau pour son entreprise, mais n'utilise pas la salle de réunion pendant la journée. Il a sous-locant à une autre entreprise, il peut gagner de l'argent supplémentaire sans aucun effort supplémentaire. C'est un peu comme louer une chambre de bonne dans votre appartement.

Il est important de noter que la sous-location professionnelle peut varier en fonction de votre pays et de vos obligations fiscales. Il est donc important de bien comprendre les lois et les règlements en vigueur avant de vous lancer.

En fin de compte, la sous-location professionnelle peut être un moyen astucieux d'investir avec un petit salaire. Cependant, il est important de bien comprendre les risques et les avantages pour déterminer si cela convient à votre situation financière et à vos objectifs d'investissement.

La sous-location professionnelle peut vous permettre de gagner de l'argent supplémentaire en utilisant un espace inutilisé de votre entreprise. Il est important de bien comprendre mes lois et les règlements en vigueur et de faire des recherches pour déterminer si cette opportunité d'investissement est adaptée à votre situation financière et à vos objectifs d'investissement.

Louer sa propre maison

Si vous êtes propriétaire d'une maison ou d'un appartement, vous pouvez le louer pour en tirer des revenus supplémentaires. Louer sa propre maison peut être une excellente opportunité pour augmenter ses entrées d'argent, mais il y a certaines considérations à prendre en compte.

Tout d'abord, il est important de connaître les réglementations locales concernant la location. Certaines régions peuvent avoir des restrictions quant à la durée minimale de location, les obligations de l'état des lieux, les types d'occupants acceptables, etc. Assurez-vous de vous renseigner sur les lois et les règlements en vigueur dans votre région avant de louer votre maison.

Ensuite, il est important de déterminer le bon prix de location. Il est tentant de louer son logement à un tarif élevé pour maximiser les bénéfices, mais il est important de prendre en compte la concurrence et les tarifs du marché pour ne pas dissuader des locataires potentiels.

Vous pouvez utiliser des sites web spécialisés pour comparer les tarifs de location dans votre région ou consulter un expert en immobilier.

Il est important de considérer les coûts associés à la location de sa propre maison. Cela inclut les coûts de maintenance et de réparation, les coûts d'assurance, les taxes foncières et les coûts administratifs. Assurez-vous de prévoir suffisamment de fonds pour couvrir ces coûts afin de ne pas subir de pertes financières.

Assurez que vous êtes prêt à accepter les responsabilités d'un bailleur. Cela inclut la gestion des locataires, la maintenance de la propriété, la résolution de problèmes de logement, etc. Si vous n'êtes pas prêt à gérer ces responsabilités, il est peut-être préférable de ne pas louer votre maison.

Louer sa propre maison peut être une excellente opportunité pour augmenter ses entrées d'argent, mais il est important de prendre en compte les considérations ci-dessus avant de se lancer. Si vous êtes prêt à relever les défis, la location peut être une expérience financièrement gratifiante.

Louer sa place de parking

Louer sa place parking peut être une stratégie rentable pour investir avec un petit salaire. Si vous êtes propriétaire d'une place de parking en ville, vous pouvez la louer pour un complément de revenu mensuel considérable. C'est une option qui peut sembler simple et peu coûteuse, mais qui nécessite tout de même une certaine planification pour être rentable.

Commençons par les bases. Pour louer votre parking, vous devrez la rendre accessible et sécurisée pour les locataires. Il est important de déterminer le tarif mensuel en fonction de l'emplacement, de la sécurité et de la disponibilité de votre place. Vous pouvez consulter des sites comme Leboncoin ou Parkadom pour trouver des tarifs de location similaires à ceux de votre ville.

Ensuite, il est important de considérer les coûts associés à la location. Il faut prendre en compte les frais d'assurance, les frais administratifs, et peut-être même les frais de nettoyage si vous souhaitez faire entretenir régulièrement votre place de parking. Il est également judicieux de prévoir un fonds pour les réparations éventuelles.

Une fois que vous avez déterminé les coûts et les tarifs de location, il est temps de faire la promotion de votre place de parking. Vous pouvez publier une annonce sur des sites en ligne, demander à des amis et à des connaissances s'ils sont intéressés ou même placer une petite annonce dans un journal local.

Un autre facteur à considérer est la durée de location. Vous pouvez choisir de louer votre place de parking à court ou à long terme. Si vous optez pour la location à court terme, vous pouvez la louer à des personnes qui cherchent une place de parking temporaire pour une journée ou une semaine. Cette option peut être plus rentable, mais vous devrez peut-être la louer plus fréquemment pour obtenir le même rendement.

La sécurité est aspect clé de la location de votre parking. Assurez-vous de bien protéger votre place en utilisant un système de sécurité fiable et en établissant des règles claires pour les locataires. De plus, il est important de s'assurer que les locataires sont informés des règles et des responsabilités en cas de dommages.

Louer sa place de parking peut être un excellent moyen de générer des revenus supplémentaires, mais cela nécessite une planification adéquate pour en tirer le meilleur parti. Il est important de prendre en compte les coûts associés à la location, de faire la promotion de votre place de parking, de déterminer la durée de location souhaitée et de veiller à la sécurité de votre place. Si vous suivez ces étapes, vous pourrez louer votre place de parking de manière rentable et ajouter un complément de revenu mensuel à votre budget.

Le covoiturage

Le covoiturage est une excellente opportunité pour les personnes qui cherchent à économiser de l'argent tout en contribuant à la réduction des émissions de gaz à effet de serre. C'est une méthode simple et économique pour se déplacer, en partageant les frais de carburant et de stationnement avec d'autres personnes.

Le covoiturage est une pratique très ancienne qui remonte à plusieurs siècles, mais il a connu un regain de popularité ces dernières années grâce à l'émergence de plateformes en ligne telles que BlaBlaCar et Covoiturage.fr. Ces plateformes permettent aux utilisateurs de trouver des coconducteurs pour leurs trajets quotidiens, ce qui peut représenter une économie considérable pour toutes les personnes impliquées.

Par exemple, si vous faites un trajet de 100 km tous les jours pour aller travailler et que vous payez 10 € de carburant et de parking, vous dépensez environ 2 500 € par an. Si vous pouvez trouver un coconducteur pour ce même trajet, vous pourrez diviser les frais par deux ce qui vous permettra d'économiser près de 1 250 € par an !

Le covoiturage peut être bénéfique pour les personnes qui cherchent à économiser de l'argent sur les déplacements ponctuels, comme les voyages en vacances ou les déplacements pour le travail. Il est très facile de trouver un coconducteur pour ce genre de trajet en utilisant une plateforme de covoiturage en ligne, ce qui peut représenter une économie considérable pour les voyageurs.

En plus d'être économique, le covoiturage est une solution écologique pour les déplacements. En partageant les frais de carburant et de stationnement avec d'autres personnes, vous réduisez le nombre de voitures sur les routes, ce qui peut aider à réduire les émissions de gaz à effet de serre. C'est une manière simple de contribuer à la protection de notre environnement tout en économisant de l'argent.

Le covoiturage est une solution économique et écologique pour les personnes qui cherchent à économiser de l'argent sur les déplacements quotidiens ou ponctuels. Il est très aisé de trouver un coconducteur en utilisant une plateforme de covoiturage en ligne, et cela peut représenter une économie considérable pour les voyageurs.

L'importance d'épargner automatiquement 10 % de son salaire en début de mois

Épargner de l'argent peut sembler difficile lorsque l'on gagne un petit salaire, mais il est essentiel d'adopter cette habitude si vous voulez réussir à investir à long terme. C'est une question de priorisation et de discipline financière, mais également de savoir comment fonctionne l'argent. Il est important de comprendre que, peu importe la taille de votre salaire, il est possible d'épargner automatiquement une partie de celui-ci. Et l'une des meilleures manières de le faire est d'épargner automatiquement 10 % de son salaire en début de mois.

Prenez ceci comme une règle d'or pour votre avenir financier. Même si cela parait difficile au début, en épargnant automatiquement une partie de votre salaire tous les mois, vous pourrez vous créer un petit matelas financier qui vous permettra d'investir et de construire votre patrimoine. C'est comme planter un arbre : même si les premiers pas sont difficiles, au fil du temps, vous verrez les fruits de votre travail pousser et grandir.

Prenez l'exemple de Jane, une jeune femme qui gagne un salaire moyen de 1 500 € par mois. Elle décide d'épargner automatiquement 10 % de son salaire en début de mois, soit 150 €. Cela peut paraître beaucoup pour Jane au début, mais après plusieurs mois, elle réalise que cette habitude lui permet de construire un petit matelas financier qui lui permet d'investir dans des fonds communs de placement, comme ceux proposés par des marques telles que Vanguard ou BlackRock. Au fil du temps, Jane voit son épargne grandir, et elle peut alors utiliser cet argent pour acheter une nouvelle voiture, prendre des vacances ou investir dans un bien immobilier.

Il est important de noter que l'épargne automatique vous aide à éviter de dépenser de l'argent inutilement. En épargnant automatiquement une partie de votre salaire en début de mois, vous avez moins de tentations de dépenser de l'argent sur des choses qui ne sont pas importantes pour vous. C'est comme faire du shopping avec une liste précise : vous êtes plus concentré sur ce dont vous avez besoin et moins tenté par des achats impulsifs.

L'épargne automatique est l'une des clés pour réussir à épargner et investir avec un petit salaire. C'est une habitude simple et efficace qui vous permet de construire votre patrimoine à long terme tout en vous aidant à éviter les dépenses inutiles. En épargnant automatiquement 10 % de votre salaire en début de mois, vous pouvez suivre l'exemple de Jane et constater comment cela peut rapidement faire une différence dans votre vie financière.

Rappelez-vous que l'épargne automatique n'est qu'une partie de l'équation pour réussir à investir avec un petit salaire. Il est important de comprendre comment investir de manière intelligente, en utilisant des stratégies telles que la diversification et la recherche de bonnes opportunités d'investissement. Cependant, en commençant par épargner automatiquement 10 % de votre salaire en début de mois, vous donnez à votre avenir financier un solide fondement sur lequel vous pouvez construire.

Il y a une expression populaire qui dit "Le temps, c'est de l'argent" et cela est tout à fait vrai en matière d'investissement. Plus tôt, commencez à épargner automatiquement, plus tôt, vous pourrez profiter des avantages de l'investissement à long terme. Alors, ne perdez pas de temps et commencez dès maintenant !

Chapitre 8 : Investir en bourse

Différence entre marchés et produits financiers

La différence entre les marchés et les produits financiers est souvent mal comprise, mais c'est un concept clé pour investir en bourse. Les marchés financiers sont l'endroit où les investisseurs achètent et vendent des actions, des obligations et d'autres actifs financiers. Les produits financiers, en revanche, sont des instruments qui permettent aux investisseurs de spéculer sur les mouvements des prix des marchés financiers, sans avoir à acheter les actifs sous-jacents.

Les exemples courants de produits financiers incluent les options, les contrats à terme et les produits dérivés. Les options permettent aux investisseurs de parier sur la hausse ou la baisse du prix d'une action ou d'un indice boursier. Les contrats à terme sont utilisés pour parier sur les prix futurs des matières premières, tandis que les produits dérivés sont des instruments financiers qui dérivent leur valeur de l'évolution d'un actif sous-jacent, comme une action ou une matière première.

Les produits financiers peuvent être plus risqués que les investissements directs dans les marchés financiers, car ils impliquent souvent des paris sur l'évolution future des prix. Cependant, ils peuvent offrir des opportunités de rendement plus élevées, et il est important pour les investisseurs de comprendre les risques et les avantages avant de les utiliser.

Les marchés financiers sont l'endroit où les investisseurs achètent et vendent des actifs financiers tels que des actions et des obligations, tandis que les produits financiers sont des instruments qui permettent aux investisseurs de parier sur les mouvements des prix des marchés financiers sans avoir à acheter les actifs sous-jacent. Il est important de comprendre les risques et les avantages avant de les utiliser.

Cours de bourses et variations, indice, fonds et produits dérivés

La bourse est un marché sous lequel les actions des entreprises cotées en bourse sont achetées et vendues. Le cours de bourse est le prix d'une action à un moment donné. Les variations de cours de bourse peuvent être causées par de nombreux facteurs tels que les résultats financiers de l'entreprise, les décisions de la banque centrale, les nouvelles économiques ou les rumeurs de marché.

Un indice boursier est un panier d'actions qui reflète la performance d'un marché ou d'un secteur spécifique. Les investisseurs utilisent souvent les indices pour mesurer la performance globale d'un marché. Par exemple, le Dow Jones Industrial Average est un indice qui mesure la performance des 30 plus grandes entreprises cotées aux États-Unis.

Les fonds communs de placement sont un autre produit financier qui peuvent être utilisés pour investir en bourse. Les fonds communs déplacement regroupent l'argent de plusieurs investisseurs pour acheter un portefeuille d'actions ou d'autres actifs financiers. Les frais de gestion des fonds communs de placement peuvent être assez élevés, il est donc important de bien les étudier avant d'investir.

Les produits dérivés sont des instruments financiers qui dérivent leur valeur d'un actif sous-jacent, tels que les actions, les matières premières ou les devises. Les options et les contrats à terme en sont des exemples. Les produits dérivés peuvent être utilisés pour couvrir les risques, mais ils peuvent également être utilisées pour spéculer sur les prix futurs. Cependant, ils peuvent être compliqués et risqués, il est alors essentiel de bien les comprendre avant de les utiliser.

Il faut comprendre les différents produits financiers disponibles sur les marchés financiers et de savoir les utiliser avec précaution. Il est important de diversifier son portefeuille d'investissement pour réduire les risques et de savoir fixer des objectifs pour son investissement et de les suivre régulièrement pour maximiser les chances de succès.

Stratégie d'investissement en bourse : de la théorie à la pratique

La bourse peut être un moyen efficace pour augmenter ses économies, mais cela nécessite une bonne compréhension des marchés financiers et une stratégie d'investissement solide.

Pour commencer, il faut comprendre les différents types de produits financiers disponibles sur les marchés boursiers. Les actions sont des parts d'une entreprise cotée en bourse, les obligations sont des prêts que les entreprises ou les gouvernements émettent pour obtenir des fonds, et les fonds communs de placement regroupent l'argent de plusieurs investisseurs pour l'investir dans différents types de produits financiers.

Il faut comprendre les risques et les rendements potentiels associés à chacun de ces produits financiers. Les actions peuvent offrir des rendements élevés, mais elles sont également plus risquées que les obligations. La diversification de son portefeuille est donc essentielle pour réduire les risques.

La théorie de **Modern Portfolio Theory** peut aider à élaborer une stratégie d'investissement efficace. Cette théorie stipule qu'en diversifiant son portefeuille, il est possible d'obtenir un rendement élevé pour un niveau de risque donné. Il est alors important de ne pas tout mettre sur une seule action ou un seul secteur, mais de répartir son investissement sur différents types de produits financiers et différents secteurs économiques.

L'essentiel est de comprendre les tendances du marché et les indicateurs économiques importants. Les indicateurs tels que le PIB, l'inflation et le taux d'intérêt peuvent avoir un impact sur les marchés financiers et il est alors préférable de suivre ces indicateurs pour anticiper les tendances du marché.

Rappelez-vous que les investissements en bourse peuvent être volatils et qu'il ne faut pas se laisser emporter par les émotions. Il est préférable de rester discipliné et de suivre sa stratégie d'investissement, même lorsque les marchés sont en baisse.

Les investisseurs qui paniquent et vendent lorsque les marchés baissent souvent, finissent par perdre de l'argent à long terme.
Investir en bourse nécessite une bonne compréhension des marchés financiers, une stratégie d'investissement solide et une discipline pour suivre cette stratégie. En utilisant ces concepts clés, il est possible de maximiser les rendements de son capital tout en minimisant les risques.

> *"L'investissement est comme une course de fond. C'est lent, mais c'est sûr"*
> ### **Johnn Templeton**

Chapitre 9 : Investir dans l'immobilier

Raisons d'investir dans l'immobilier

Investir dans l'immobilier peut sembler effrayant, surtout lorsque l'on a un petit salaire. Pourtant, cela peut être l'un des investissements les plus rentables et les plus sûrs que l'on puisse faire. Il existe de nombreuses raisons pour lesquelles investir dans l'immobilier peut être bénéfique pour votre patrimoine :

- ### La rentabilité

Investir dans l'immobilier peut vous offrir un rendement stable et élevé, notamment si vous optez pour la location. Les loyers peuvent vous rapporter des revenus réguliers, tandis que la valeur de votre bien augmentera probablement au fil des années. Cela peut être une source de revenus passifs pour vous aider à atteindre vos objectifs financiers à long terme.

- ### La diversification

Investir dans l'immobilier permet de diversifier votre portefeuille d'investissements. Cela vous protège contre les risques de marché, car les prix de l'immobilier ne sont pas toujours corrélés à ceux des actions ou des obligations. En investissant dans l'immobilier, vous pouvez vous assurer sue votre patrimoine est moins exposé aux fluctuations économiques.

- ### La sécurité

L'immobilier est considéré comme un investissement sûr parce que c'est un bien physique tangible. Vous pouvez toucher et voir votre investissement, contrairement à un investissement en actions ou en obligations qui peuvent être plus volatile.

- ### La flexibilité

Il existe de nombreuses façons d'investir dans l'immobilier, que ce soit en achetant une propriété pour la mettre en location, en achetant un bien pour en faire votre résidence principale ou en investissant dans des SCPI (société civile de placement immobilier). Cela vous permet de choisir la forme d'investissement qui convient le mieux à votre profil d'investisseur et à vos objectifs financiers.

- **La réglementation**

Depuis la Loi Pinel en 2014, il est possible de réduire ses impôts grâce à un investissement locatif, en achetant un bien neuf et en le mettant en location pendant une certaine durée. Cela peut être une source de revenus supplémentaires pour vous aider à financer votre investissement.

Investir dans l'immobilier peut être bénéfique pour votre patrimoine, car il offre des rendements stables et élevés, une diversification, une sécurité et une flexibilité. Il est important de bien étudier les différentes formes d'investissement et de choisir celle qui convient le mieux à votre profil d'investisseur et à vos objectifs. Il est aussi important de prendre en compte les différents facteurs tels que la fiscalité, les coûts liés à l'acquisition et à la gestion de l'immobilier, ainsi que les risques liés à l'investissement. Il est recommandé de se faire accompagner par des professionnels pour vous aider à prendre les bonnes décisions et à maximiser les avantages de l'investissement immobilier.

Différentes façons d'investir : locatif, résidence principale, etc.

Investir dans l'immobilier peut être une excellente manière de maximiser les rendements de son capital tout en diversifiant son patrimoine. Il existe différentes façons d'investir dans l'immobilier, chacune ayant ses avantages et ses inconvénients :

- **Investir est de louer un bien immobilier en tant que propriétaire locataire**

Ce choix peut être rentable grâce aux loyers perçus, mais elle peut être contraignante en termes de gestion locative. Si vous avez le temps et les compétences pour gérer un bien locatif, cela peut être une bonne option pour vous.

• Investir est d'acheter une résidence principale

Cette option peut être plus stable que l'investissement locatif, car elle ne dépend pas des locataires pour percevoir des revenus. Cependant, elle peut être moins rentable à long terme parce que les prix de l'immobilier peuvent fluctuer.

• Investir est d'acheter un bien immobilier pour le revendre plus tard à un prix plus élevé

Cette initiative peut être très rentable, mais elle est également plus risquée, car elle dépend des fluctuations du marché immobilier. Il est important de bien étudier le marché et de s'informer sur les tendances avant des e lancer dans ce type d'investissement.

Il est possible d'investir dans des sociétés cotées en bourse qui ont des actifs immobiliers, comme les SCPI ou les OPCI. Cette option est plus facile à gérer, car elle ne nécessite pas de gérer un bien immobilier, mais elle est par ailleurs plus risquée parce qu'elle dépend des fluctuations des actions.
Il est faut noter que tous les types d'investissement immobilier sont soumis à la fiscalité. Il est donc important de bien se renseigner sur les avantages fiscaux et les désavantages fiscaux avant de se lancer dans un investissement.

Il existe plusieurs façons d'investir dans l'immobilier, chacune ayant ses avantages et ses inconvénients. Il faut bien étudier le marché et de s'informer sur les tendances avant de se lancer dans un investissement immobilier. Il est aussi important de bien comprendre les avantages fiscaux et les désavantages fiscaux avant de se lancer dans un investissement immobilier.

Fiscalité et pratique de l'investissement immobilier

Investir dans l'immobilier peut être un excellent moyen de maximiser les rendements de son capital lorsque l'on dispose d'un petit salaire. Cependant, il faut comprendre les implications fiscales liées à ces investissements, ainsi que les différentes options qui s'offrent à vous.

L'une des premières choses à considérer lorsque vous envisagez un investissement immobilier est le type de propriété que vous souhaitez acheter. Si vous voulez louer la propriété, il faut choisir un bien situé dans une zone où la demande locative est élevée. En revanche, si vous prévoyez d'utiliser la propriété comme résidence principale, il faut choisir la zone où les prix de l'immobilier sont en hausse.

Il existe plusieurs options fiscales à considérer lorsque vous investissez dans l'immobilier. Si vous décidez de louer la propriété, vous devrez payer des impôts sur les loyers perçus, mais vous pourrez déduire certaines dépenses liées à l'entretien et à la gestion de la propriété. Si vous choisissez d'utiliser la propriété comme résidence principale, vous pourrez bénéficier d'une exonération d'impôt sur la plus-value lors de la vente de la propriété.
Rappelez-vous que la fiscalité est complexe et évolue régulièrement. Consultez donc un conseiller fiscal avant de prendre une décision d'investissement.

L'investissement immobilier n'est pas sans risque. Il ne faut pas investir plus que ce que vous pouvez permettre de perdre. Il faut qu'on étudie bien les différentes options qui s'offrent à vous avant de prendre une décision.
Pour maximiser les chances de succès d'un investissement immobilier, il faut se fixer des objectifs clairs et de mettre en place une stratégie pour y parvenir. Cela peut inclure la recherche d'une propriété rentable, la mise en place d'une stratégie de gestion locative efficace et la recherche de financement adapté.

Investir dans l'immobilier est un excellent moyen de maximiser les rendements de son capital lorsque l'on a un petit salaire. Cependant, il est crucial de comprendre les implications fiscales liées à ces investissements, ainsi que les différentes options qui s'offrent à vous. Il est préférable de consulter un conseiller fiscal avant de prendre une décision et de bien évaluer les risques et les avantages pour s'assurer que cela correspond à vos objectifs et à votre profil d'investisseur. Et de suivre les tendances du marché immobilier et de se tenir informé des différentes opportunités d'investissement, comme les ventes à réméré, les SCPI ou les investissements locatifs.

N'oubliez pas d'inclure l'investissement immobilier dans une stratégie globale de diversification de son patrimoine, pour éviter tout risque excessif.

> *"L'investissement est le moyen le plus rapide de faire de l'argent lentement"*
> **Warren Buffett**

Chapitre 10 : Les Side Business pour investir avec un petit salaire

Le démarrage d'un side business peut être un moyen efficace de générer des revenus supplémentaires, même lorsque l'on a un petit salaire. Toutefois, il semble intimidant de se lancer dans une nouvelle entreprise en plus de son travail à temps plein. Pourtant, les avantages potentiels d'un side business peuvent en valoir la peine.

Définition du Side Business

Un "Side Business" est une entreprise secondaire ou un petit commercial que l'on peut démarrer en parallèle de son travail principal. C'est souvent un moyen pour les gens de tester une idée d'entreprise ou de développer un hobby en tant que source de revenus supplémentaire.

Il existe de nombreuses façons de lancer un side business. En fait, l'un des grands avantages d'un side business est que vous pouvez choisir une option qui s'adapte à votre style de vie, à vos compétences et à vos objectifs financiers.

Voici quelques-unes des options les plus courantes :

- **Créer une entreprise en ligne**

De nos jours, il est facile de créer une entreprise en ligne, grâce à des nombreuses plateformes et outils disponibles. Par exemple, vous pouvez vendre des produits en ligne à l'aide d'un site web ou d'une plateforme de commerce électronique ou bien offrir des services en tant que consultant ou freelance.

- **Utiliser des compétences existantes**

Vous pouvez créer un side business en utilisant des compétences que vous avez acquises dans votre travail principal. Par exemple, si vous êtes un expert en marketing, vous pouvez offrir des services de marketing à des entreprises locales.

- **Développer un hobby**

Si vous avez un hobby que vous aimez et que vous maîtrisez bien, vous pouvez le transformer en side business. Par exemple, si vous aimez la couture, vous pouvez vendre des vêtements sur les réseaux sociaux ou sur une plateforme de commerce électronique.

- **Louer des biens**

Vous pouvez créer un side business en louant des biens que vous possédez tels que votre voiture, votre espace de stockage ou votre espace de travail. Ce ne sont là que quelques exemples de la façon dont vous pouvez lancer un side business. L'important est de trouver une option qui vous convienne et de la poursuivre de manière déterminée pour en tirer le meilleur parti.

Les avantages d'un side business

Un side business peut apporter de nombreux avantages à votre vie professionnelle et personnelle. En plus de générer des revenus supplémentaires, cela vous permettra de développer des nouvelles compétences et d'explorer de nouvelles opportunités. Découvrons ensemble les avantages clés d'un side business :

- **Génération de revenus supplémentaires**

L'un des avantages les plus évidents d'un side business est la possibilité de générer des revenus supplémentaires. Cela peut vous aider à économiser plus rapidement pour vos objectifs financiers à long terme ou à gérer les dépenses imprévues plus facilement.

- **Développement de compétences**

En lançant un side business, vous aurez l'occasion de développer de nouvelles compétences et de vous perfectionner dans des domaines qui vous intéressent. Cela peut vous ouvrir à de nouvelles opportunités professionnelles à long terme.

- **Exploration de nouvelles opportunités**

Créer un side business vous permettra d'explorer de nouvelles opportunités et de découvrir de nouveaux domaines d'intérêt. Cela vous aidera à déterminer ce que vous voulez faire de votre vie professionnelle à long terme.

Comment créer un side business rentable

Le lancement d'un side business peut être une excellente opportunité pour générer des revenus supplémentaires, développer vos compétences et explorer de nouvelles opportunités. Cependant, il faut bien préparer votre projet pour le rendre rentable. Voici quelques étapes clés pour créer un side business rentable :

- **Évaluation de vos compétences et vos intérêts**

Pour lancer d'un side business rentable, il est important de comprendre vos compétences et vos intérêts. Cela vous aidera à déterminer le type de business qui conviendra le mieux à vos talents et à vos passions.

- **Élaboration d'un plan d'affaires solide**

Une fois que vous avez déterminé le type de side business que vous souhaitez débuter, il est important d'élaborer un plan d'affaires solide. Cela peut inclure la recherche de marché, la définition de votre stratégie de marketing et la planification de vos finances. Ce plan d'affaires vous aidera à évaluer la faisabilité de votre idée et à élaborer une stratégie pour la réaliser.

- **Obtention de financement**

Pour créer votre side business, vous devrez peut-être obtenir un financement. Il existe plusieurs options, notamment les prêts personnels, les investissements d'amis et de famille ou les crowdfunding. Il est important de choisir la solution de financement qui convient le mieux à votre situation financière et à vos objectifs pour votre business.

- **Mise en place d'une structure solide**

Pour garantir le succès de votre side business, il faut mettre en place une structure solide. Cela inclut la définition de vos rôles et responsabilités, la définition de vos processus et la mise en place d'un système de suivi des finances.

En suivant ces étapes, vous serez en mesure de créer un side business rentable et réussi. Alors n'hésitez plus et lancez-vous dans l'aventure d'un business à côté de votre emploi principal !

Des exemples de side business

Vous rêvez de créer votre propre entreprise, mais vous ne savez pas par où commencer ? Pas de panique ! Ce livre vous propose 120 idées de business pour vous lancer immédiatement.

Alors, laquelle allez-vous choisir ? Cette liste est organisée par compétences, il vous suffit de passer en revue les idées de business par catégorie et de sélectionner celles que vous pouvez tester rapidement avec votre expérience et vos compétences.

1 - Écriture et rédaction

Si vous aimez écrire, donc vous avez une multitude de possibilités pour lancer votre business.

Vous ne connaissez pas les subtilités de la rédaction web et du copywriting ? Pas de panique ! Toutes les spécialités de l'écriture et de la rédaction peuvent être apprises, peu importe votre âge, votre expérience et vos centres d'intérêts.

Savoir écrire est une compétence incroyable pour se lancer dans un business, car elle ouvre de nombreuses portes.

Si vous êtes à l'aise avec l'écriture, vous pouvez suivre des formations pour vous spécialiser dans différents domaines.

Mais n'oubliez pas que la meilleure formation est souvent l'expérience elle-même ! N'hésitez pas à vous lancer et à apprendre au fur et à mesure !

a) Livres et autoédition

Si vous êtes à l'aise avec les mots et que vous adorez créer des textes sur n'importe quels sujets, peut-être avez-vous envisagé d'écrire un livre.

Devenir auteur, c'est un peu passer de rédacteur à écrivain, non ? Si vous aimez être libre et suivre votre propre chemin, l'autoédition peut être une excellente option pour vous.

Comme pour tout business, votre réussite dépendra de nombreux facteurs, mais la persévérance sera l'ingrédient le plus important. Si vous travaillez dur, vos livres pourront se vendre de plus en plus et votre passion pour les mots pourra se transformer en véritable revenu passif.

Vivre de ses livres, c'est possible… Bien que ce ne soit pas le side business le plus rapide pour atteindre votre liberté financière, c'est une valeur sûre à long terme.

b) Rédaction commerciale - copywriting

Le copywriting est l'une des catégories de rédaction les plus lucratives !

Savoir écrire des annonces qui donnent envie aux visiteurs de cliquer et aux clients potentiels d'acheter est une compétence rare et très demandée. Si vos textes aident d'autres personnes à vendre plus, vous pouvez certainement en profiter et générer des revenus intéressants grâce à cette compétence.

2 - Catégorie Marketing digital

a. Référencement web (SEO)

L'expertise en référencement : une compétence très recherchée, au même titre que le copywriting !

Vous êtes un spécialiste du référencement ? Proposez un diagnostic et un plan d'action pour aider vos futurs clients à augmenter leur trafic naturel. Les particuliers et les entreprises sont de plus en plus nombreux à créer leur blog ou leur site internet, mais pour augmenter leur trafic, ils doivent optimiser leur référencement. Cela crée des opportunités intéressantes pour ceux qui maîtrisent les éléments clés de cette compétence.

b. Community management

Vous êtes adepte des réseaux sociaux ? Vous savez créer de l'engagement et des connexions avec les membres d'une communauté ? Si vous avec le "truc" pour maintenir une bonne ambiance, produire un contenu intéressant et favoriser l'entraide, le métier de community manager pourrait être fait pour vous !

C'est un side business qui peut s'avérer très intéressant, notamment pour les entreprises qui cherchent à établir leur présence en ligne et à interagir avec leur audience. Avec la demande croissante pour ce type de compétence, vous pourriez bien vous faire une place sur le marché en proposant vos services.

3 - Développement et sites web

Pas besoin d'avoir un site web pour commencer un side business, les plateformes freelances peuvent suffire.
Mais dès que les choses sérieuses commencent, il est important de devenir autonome avec son propre site internet.

C'est pourquoi beaucoup d'entrepreneurs ont compris l'importance d'avoir leur propre plateforme, et les opportunités de side business sont nombreuses pour les aider à développer et à maintenir un site web, une application, une boutique en ligne, etc.

Et puisque les logiciels, applications et outils informatiques sont de plus en plus indispensables pour les entreprises, si vous êtes attiré par le développement, le design web, l'installation et la personnalisation de logiciels et d'applications, et l'informatique en général, alors les idées de side business suivantes sont pour vous :

I.   Développement d'application

Les applis mobiles sont devenues un outil indispensable pour les entreprises souhaitant toucher un public plus large et augmenter leur chiffre d'affaires. Si vous avez déjà des compétences ou que vous êtes prêt à vous former, un side business dans ce domaine peut être une idée rentable et pleine de potentiel.

II.   Achat/revente de sites web et de noms de domaines

Si vous avez des compétences en webdesign, graphisme, référencement ou si vous connaissez bien une niche et que vous pensez pouvoir améliorer un site existant, alors acheter et optimiser des sites internet peut être une idée de side business rentable.

C'est comme acheter un bien immobilier pour le rénover et le louer ou le revendre. Mais attention, il est important de bien choisir le site à optimiser pour ne pas se tromper. Une fois amélioré, vous pouvez le garder pour toucher un revenu régulier ou le vendre pour faire une plus-value.

4 - Graphisme/design

Si vous avez un talent artistique pour créer des graphismes et des visuels de qualité, sachez que cela peut être l'un des éléments clés de succès pour tout business. Les opportunités sont nombreuses et il y a une demande croissante pour les professionnels de la création visuelle.

De nos jours, il n'a jamais été aussi facile de promouvoir votre travail et de le rendre accessible en un clic pour les clients qui cherchent à utiliser vos services ou acheter vos produits, qu'ils soient virtuels ou réels.

➲ Visuels réseaux sociaux - bannières

Si vous êtes passionnés par le graphisme, il y a une autre façon de monétiser vos talents : créer des visuels pour les réseaux sociaux ! De nos jours, c'est carrément indispensable.

Certains entrepreneurs essaient de faire ça eux-mêmes avec des outils comme Canva, mais pour un résultat pro, rien ne vaut le travail d'un e graphiste pro.

➲ Photographie : portraits, mariages

Vous êtes un(e) passionné(e) de photographie et vous arrivez à capturer les meilleurs moments avec votre appareil photo ? Si la réalisation de portraits et les photographies d'événements vous attirent, alors sachez qu'il est tout à fait possible de monétiser votre passion. Et si vous proposiez vos services de photographe au prochain événement auquel vous participez ? Vous pouvez même créer un site web pour montrer vos talents de photographe et toucher un public plus large. Alors, prêt(e) à vous lancer ?

5 - Audio et vidéo

Le domaine de l'audio-vidéo est un eldorado pour se lancer dans l'entrepreneuriat. Que vous soyez doué pour l'enregistrement, la retouche vidéo ou la création de contenu, il y a une variété d'opportunités à explorer. Voici des idées que vous pourrez mettre en pratique dès maintenant. Alors, prêt à découvrir comment transformer votre passion pour l'audio-vidéo en business rentable ?

☞ Mixage et montage audio

Le mixage et le montage audio sont les étapes importantes pour obtenir une production audio de qualité supérieure.

Harmoniser, éditer, couper, recadrer, fusionner, diviser des morceaux audio, effectuer des nettoyages et des arrangements sont des compétences essentielles pour réussir dans ce domaine. Si vous êtes passionné(e) ou motivé(e), pourquoi ne pas envisager de monétiser ces compétences pour générer des revenus supplémentaires ? C'est une opportunité à ne pas manquer !

☞ Podcast

Vous êtes passionné(e) par un sujet en particulier et vous aimez partager vos connaissances avec les autres ? Un podcast peut être la solution pour vous ! En plus de vous permettre de gagner de l'argent, il peut vous aider à développer une expertise et une image de marque pour lancer d'autres projets.

Mais attention, cela demande beaucoup de temps et d'efforts pour préparer, enregistrer, éditer et diffuser un podcast. Mais si vous êtes prêt(e) à vous investir, vous pourrez développer un point de vue unique, inviter des experts, apprendre et faire découvrir de nombreux sujets à une audience.
Et si votre podcast devient populaire, vous pourrez même être sponsorisé(e) par des marques qui souhaitent toucher votre audience.

6 - Business et analyse

Si vous êtes doué(e) en affaires, marketing et dans la gestion de projet, cette catégorie est faite pour vous ! Vous y trouverez des idées et des opportunités de side business qui vous permettront d'exploiter au mieux vos talents commerciaux.

De la vente en ligne au développement de stratégies marketing, vous trouverez ici des idées pour monétiser vos compétences. Alors, prêt(e) à faire fructifier vos talents ?

❋ Stratégie de marque

Le branding, c'est la base pour que votre biz fasse la différence sur un marché de fou ! Grâce aux pros en branding, vous pourrez vous faire un nom unique et original (en travaillant avec des graphistes si besoin) et le propager partout pour attirer les clients qui vous correspondent. Prêt(e) à mettre les voiles ?

※ **Préparation d'entretien**

On n'a qu'une seule chance de faire bonne impression…

Tous les candidats le savent, et nombreux sont ceux qui cherchent à s'entraîner avant l'entretien qui pourrait leur permettre de décrocher le job de leur rêve. Si vous êtes du côté recruteur et que vous avez l'œil pour repérer les petits détails qui font la différence, vous pouvez aider les candidats en les préparant à l'entretien et en leur donnant des conseils pour améliorer leur présentation. Une opportunité en or pour aider les autres et mettre vos compétences en pratique !

7 - Formation/Coaching

Quitter un travail fixe pour se lancer dans une carrière de formateur ou de coach peut être difficile et effrayant. Mais il y a une alternative plus douce : commencer avec un side business !

Vous pouvez trouver une variété de domaines où vous pouvez exprimer vos talents, partager votre expérience et vos connaissances et surtout gagner de l'expérience pour vous aider à vous lancer dans cette nouvelle aventure.

■ **Développement personnel**

Beaucoup d'entre nous cherchent à progresser et à réussir dans différents domaines de leur vie, qu'il s'agisse de leur carrière, de leurs relations, de leur santé, etc. Le développement personnel est une démarche de plus en plus populaire pour y parvenir.

Un expert en la matière est simplement quelqu'un qui a essayé et échoué plus souvent que les autres sur un sujet donné. Bien sûr, si vous avez une certification de coach officielle, cela peut vous aider à convaincre des clients potentiels, mais ce n'est pas une condition nécessaire pour aider les autres.

Si vous avez de l'expérience et des méthodes efficaces à partager, vous pouvez aider des clients à progresser dans différents aspects de leur vie sans avoir besoin de certification.

- **Conférences**

Nous avons tous accumulé des connaissances et de l'expérience, que ce soit dans notre vie professionnelle ou personnelle, mais nous ne réalisons pas leur valeur.

Si vous êtes à l'aise à l'oral et que vous n'avez pas peur de prendre la parole en public, vous pouvez préparer des présentations sur des sujets que vous connaissez bien et intervenir lors d'événements et de conférences.
Si vous vous démarquez, vous pourrez être invité à intervenir dans des entreprises ou à participer à des événements de plus en plus importants, et même être rémunéré pour cela.

En participant à des conférences, vous pouvez également vous faire connaître et créer une notoriété qui vous aidera à développer d'autres activités lucratives telles que des formations, la vente de livres ou des prestations de coaching premium.

8 - Divers

⇨ **Cours de musique**

Vous êtes doué(e) en musique et souhaitez enseigner votre passion ? Pas besoin d'avoir fait le conservatoire pour donner des cours de qualité ! Avec une petite annonce ou une inscription sur un site web spécialisé, vous pouvez rapidement trouver des élèves pour enseigner la guitare, le piano ou un autre instrument.

Pour augmenter votre visibilité, vous pouvez par ailleurs proposer vos services sur une plateforme freelance. Et pensez à vous inscrire au chèque emploi service universel pour donner des cours à des étudiants en direct et permettre à vos clients d'obtenir une déduction fiscale intéressante.

⇨ **Débarras et achat - revente**

De nombreux particuliers bradent ou donnent des objets de valeur pour faire du rangement. Si vous avez un utilitaire, vous pouvez vous faire payer pour les débarrasser et les revendre sur des sites comme Leboncoin, Ebay, etc.

Avec l'achat/revente de matériel d'occasion et de collection, vous pouvez rapidement vous créer un revenu d'appoint en étant en veille sur des sites comme Leboncoin, Ebay, Amazon FBA ou en allant dans les salles d'enchères, les vides-greniers et les marchés aux puces. Il suffit de repérer les bonnes occasions, d'acheter et de revendre le plus souvent et le plus rapidement possible.

Chapitre 11 : Finance comportementale et cycles économiques

Théorie des marchés efficients et finance comportementale

La théorie des marchés efficients et la finance comportementale sont deux concepts clés pour comprendre les promesses de rendement des placements et leur performance réelle.

La théorie des marchés efficients postule que le prix des actifs reflètent toutes les informations disponibles sur les marchés financiers. En d'autres termes, il est impossible de gagner de l'argent en surprenant les marchés avec des informations non publiques. Cependant, la réalité est que de nombreux investisseurs cherchent à battre le marché en utilisant des informations exclusives ou en ayant accès à des informations avant les autres investisseurs.

La finance comportementale, quant à elle, étudie les erreurs de jugement et les biais cognitifs qui peuvent affecter les décisions d'investissement des individus. Par exemple, l'euphorie des marchés peut amener les investisseurs à surestimer la performance future des actions, tandis que la peur peut les inciter à vendre leurs actions à des prix trop bas.

En combinant ces deux concepts, il devient clair que les investisseurs doivent être conscients de leurs propres biais cognitifs et des pièges potentiels des marchés financiers. Cela signifie éviter de suivre aveuglément les conseils des experts financiers ou les tendances du marché, et plutôt se concentrer sur la diversification de son portefeuille et sur l'atteinte de ses propres objectifs financiers.

Il est également important de se rappeler que les marchés financiers sont soumis à des cycles économiques et de comprendre qu'il faut s'adapter en conséquence. Par exemple, il peut être plus sage d'investir dans des actions défensives lorsque l'économie est en récession, plutôt que de prendre des risques en investissant dans des actions plus risquées.

Pour investir avec un petit salaire, il est important de comprendre les concepts de théorie des marchés efficients et finance comportementale, d'éviter les pièges et erreurs courantes, de s'adapter aux cycles économiques et de se concentrer sur l'atteinte de ses propres objectifs financiers.

Les cycles économiques et leur impact sur les investissements

La compréhension des cycles économiques et de leur impact sur les investissements est cruciale pour tout investisseur. Comme dit le proverbe : *"Il n'y a pas de vent favorable pour celui qui ne sait pas où il va"*.
Les cycles économiques se répètent régulièrement, alternant entre des périodes de croissance économique et de ralentissement. Pendant les périodes de croissance, les entreprises voient leurs profits augmenter, les salaires augmentent et les investisseurs sont plus enclins à prendre des risques. C'est le moment idéal pour investir dans des actions, des obligations d'entreprise ou de l'immobilier locatif.

Au contraire, durant les périodes de ralentissement économique, les entreprises voient leurs profits diminuer, les licenciements augmentent et les investisseurs sont plus réticents à prendre des risques. C'est le moment idéal pour investir dans des obligations d'État, des fonds communs de placement ou des certifiés de dépôts.

L'histoire nous montre que les investissements qui ont été faits pendant les périodes de croissance ont généralement donné de meilleurs résultats que ceux faits durant les périodes de ralentissement.

C'est pourquoi il est important de comprendre les cycles économiques et de savoir quand il est temps d'investir ou de se retirer des marchés.

Il existe de nombreux indicateurs économiques qui permettent de détecter les cycles économiques tels que les taux d'intérêt, l'inflation, le taux de chômage, la croissance du PIB, etc. Il est important de suivre ces indicateurs et de les utiliser pour aider à prendre des décisions d'investissement.

Il faut mentionner la finance comportementale, qui est l'étude de comment les gens prennent des décisions financières. Les études montrent que les investisseurs ont tendance à acheter lorsque les marchés sont en hausse et à vendre lorsque les marchés sont en baisse, ce qui est contraire à la logique économique. Il faut prendre en compte ces tendances comportementales pour éviter les erreurs courantes.

Comprendre les cycles économiques et leur impact sur les investissements est crucial pour prendre des décisions éclairées. Il faut suivre les indicateurs économiques et de prendre en compte les tendances comportementales pour maximiser les chances de succès en matière d'investissement.

> *"L'argent n'achète pas le bonheur, mais il permet de se donner les moyens de le trouver"*
>
> **Marcel Dassault**

Conclusion

Nous voilà déjà à la fin de votre guide !

Tout d'abord, je tiens à vous remercier du fond du cœur d'avoir pris le temps de lire ce livre "**INVESTIR AVEC UN PETIT SALAIRE** - Les clés pour réussir à épargner et investir". Votre intention de vouloir apprendre à investir avec un petit salaire démontre votre engagement envers votre avenir financier, et cela est admirable.

Je tiens également à m'excuser si, par moments, des erreurs, des maladresses ou des imprécisions ont pu se glisser dans mes propos. Mon intention était de vous fournir les meilleures informations possibles pour vous aider à atteindre votre objectif d'investir avec un petit salaire. J'espère que ces erreurs ne vous ont pas empêché de profiter pleinement de la lecture de ce livre.

Bien que j'aie présenté des informations sur les investissements dans la bourse et les actions, ma préférence personnelle réside dans le side business. Pour moi, la chose la plus facile pour commencer est de mettre en place un side business et, progressivement, avec l'argent gagné, d'investir dans la bourse et les actions. Cependant, cela ne signifie pas que les investissements dans les actions et la bourse ne sont pas une bonne option. Cela dépend de vos objectifs et de votre tolérance au risque.

En lisant ce livre, vous avez acquis les clés pour réussir à épargner et investir avec un petit salaire. J'espère que les informations présentées vous ont été utiles et vous ont donné la confiance nécessaire pour commencer à investir. Je vous souhaite tout le succès possible dans vos futurs investissements et espère que vous pourrez atteindre vos objectifs financiers. Rappelez-vous que l'investissement n'est pas une course à court terme, mais une course à long terme.

Soyez persévérant, suivez vos objectifs et n'oubliez pas que l'investissement est un moyen d'atteindre la liberté financière.

Bibliographies

Voici quelques sources qui pourraient vous aider à poursuivre vos réflexions sur l'investissement avec un petit salaire :

Site web financiers :

- Investopedia : https://www.investopedia.com/

- The Balance : https://www.thebalance.com/

- Forbes : https://www.forbes.com/investing/

- NerdWallet : https://www.nerdwallet.com/investing

Blogs d'investissement :

- Mr. Money Mustache : https://www.mrmoneymustache.com/

- The Simple Dollar : https://www.thesimpledollar.com/investing/

- Get Rich Slowly : https://www.getrichslowly.org/investing/

Livres sur l'investissement :

- "The Little Book of Common Sense Investing : The Only Way to Guarantee Your Fair Share of Stock Market Returns" de John C. Bogle : https://www.amazon.fr/Little-Book-Common-Sense-Investing/dp/1119404509/

- "Rich Dad Poor Dad : What the Rich Teach Their Kids About Money That the Poor and Middle Class Do Not !" de Robert Kiyosaki : https://www.amazon.fr/Rich-Dad-Poor-Teach-Middle/dp/1612681123/

- "The Bogleheads' Guide to Investing" de Taylor Larimore, Mel Lindauer et Michael LeBoeuf : https://www.amazon.fr/Bogleheads-Guide-Investing-Mel-Lindauer/dp/1119847672/

- "The Simple Path to Wealth : Your road map to financial independence and a rich, free life" de J L Collins : https://www.amazon.fr/Simple-Path-Wealth-financial-independence/dp/1533667926/

- "I Will Teach You to Be Rich" de Ramit Sethi : https://www.amazon.fr/Will-Teach-You-Be-Rich/dp/1523505745/

- "LIBRE : Comment se créer des sources de revenus passifs avec un petit capital" de Théophile Eliet : https://www.amazon.fr/LIBRE-Comment-sources-revenus-passifs/dp/B08NWWYFGP/

- "L'investisseur intelligent : Une référence en matière d'investissement" de Jason Zweig et Benjamin Graham : https://www.amazon.fr/Linvestisseur-intelligent-Jason-Zweig/dp/2361170256/

- "L'investisseur moderne : Comment faire partie des nouveaux riches ?" de Jérémy Pajot : https://www.amazon.fr/Linvestisseur-moderne-Comment-partie-nouveaux/dp/B09XLJ1KV1/

- "Le petit livre pour investir avec bon sens" de John C. Bogle : https://www.amazon.fr/petit-livre-pour-investir-avec/dp/290935671X/

- "Construisez et gérez votre patrimoine avec succès - Guide pour s'enrichir lentement... mais sûrement ! : (Édition Grand Format)" de Julien Delagrandanne https://www.amazon.fr/Construisez-Patrimoine-SEnrichir-Lentement-Surement/dp/2954214007/

- "Comment construire son patrimoine : Les bonnes pratiques d'investissement pour réaliser tous ses projets" de Henri Gerard et Vincent Chabot : https://www.amazon.fr/Comment-construire-son-patrimoine-dinvestissement/dp/2958097609/

- "Investir en Bourse comme un pro : Comment générer des revenus passifs et se bâtir un patrimoine grâce à la Bourse avec un petit budget" de Jeff Demanou : https://www.amazon.fr/Investir-Bourse-comme-pro-patrimoine/dp/B0BCRQPHH9/

- "Warren Buffett : 100 conseils pour investir : Devenir riche" de Les Editions du Faré : https://www.amazon.fr/Warren-Buffett-conseils-investir-Devenir/dp/1520954581/

Ces livres vous donneront des idées sur les différentes stratégies d'investissement qui peuvent être utilisées avec un petit salaire, ainsi que des conseils pratiques pour épargner et investir efficacement. Gardez en tête que c'est toujours bon de faire des recherches et de consulter un conseiller financier avant de prendre des décisions d'investissement importantes.

Annexe

Test de connaissances financières

Investir avec un petit salaire est un sujet complexe qui implique de comprendre les différents aspects financiers. C'est pourquoi on a créé ce test pour évaluer vos connaissances actuelles en matière d'épargne, d'investissement et de gestion des finances. Ce test comporte des questions simples sur les concepts clés de l'investissement avec un petit salaire et vous permettra de déterminer les domaines où vous pourriez vouloir approfondir vos connaissances.

Question 1 : Quel est le premier point à prendre en compte avant de penser à investir son argent avec un petit salaire ?

    A.   Les dépenses
    B.   Les revenus
    C.   Les économies

Question 2 : Quel est le nom de la pyramide qui permet de hiérarchiser les besoins humains ?

    A.   La pyramide de Maslow
    B.   La pyramide de Khéops
    C.   La pyramide de Gizeh

Question 3 : Pourquoi est-il important d'observer ses émotions et ses désirs avant d'investir ?

    A.   Pour ne pass être influencé par ses émotions dans ses choix d'investissement
    B.   Pour investir dans des secteurs en adéquation avec ses valeurs
    C.   Pour mieux comprendre ses dépenses

Question 4 : Quel est le premier piège à éviter lorsqu'on investit avec un petit salaire ?

A. Investir sans réfléchir
B. Investir dans des placements risqués
C. Investir sans objectifs clairs

Question 5 : Pourquoi est-il important de diversifier son patrimoine ?

A. Pour éviter de tout perdre en de crise économique
B. Pour maximiser les rendements de son capital
C. Pour payer moins d'impôts

Question 6 : Quel est le concept clé pour bien gérer son argent ?

A. La comptabilité
B. La fiscalité
C. La diversification

Question 7 : Pourquoi est-il important d'établir un budget ?

A. Pour mieux comprendre ses dépenses
B. Pour savoir combien on peut investir
C. Pour mieux gérer son argent

Question 8 : Quelle est la méthode recommandée pour mieux budgéter et gérer son budget à deux ?

A. Faire des compromis et trouver des solutions ensemble
B. Gérer chacun son propre budget
C. Ne pas parer d'argent

Question 9 : Quelle est la première méthode recommandée pour gagner de l'argent ?

    A.   Acheter un appartement pour le louer
    B.   La sous-location professionnelle
    C.   Louer sa propre maison

Question 10 : Quel est le premier marché d'investissement évoqué dans le livre ?

    A.   Le marché de l'art
    B.   Le marché de l'or
    C.   Le marché boursier

Question 11 : Quelle est la première raison évoquée pour investir dans l'immobilier ?

    A.   Pour se constituer un patrimoine
    B.   Pour bénéficier
    C.   Pour gagner de l'argent rapidement

Réponses

1 - A. Les dépenses

2 - B. La Pyramide de Maslow

3 - A. Pour ne pas être influencé par ses émotions dans ses choix d'investissement

4 - A. Investir sans réfléchir

5 - A. Pour éviter de tout perdre en cas de crise économique

6 - C. La diversification

7 - C. Pour mieux gérer son argent

8 - A. Faire des compromis et trouver des solutions ensemble

9 - C. Louer sa propre maison

10 - C. Le marché boursier

11 - A. Pour se constituer un patrimoine

Nous espérons que ce test vous aidera à mieux comprendre les fondamentaux de s'investir avec un petit salaire et les domaines dans lesquels vous pourriez vouloir approfondir vos connaissances.